Die Autorin

Safi Nidiaye war ursprünglich Journalistin und wurde durch ihre Arbeit als Medium eine der bekanntesten spirituellen Lehrerinnen im deutschsprachigen Raum. Im Mittelpunkt ihrer Seminare steht die Beschäftigung mit dem Höheren Selbst und eine praktische Methode um »vom Kopf ins Herz« zu kommen. Sie lebt und arbeitet in der Nähe von München. Zu ihren erfolgreichsten Büchern gehört der Bestseller *Liebe ist mehr als ein Wort.* Weitere Informationen über die Autorin im Internet unter *www.safi-nidiaye.de.*

Von Safi Nidiaye sind in unserem Hause erschienen:

Das befreite Herz
Der entscheidende Schritt
Den Weg des Herzens gehen
Herz öffnen statt Kopf zerbrechen
Das Tao des Herzens
Die Weisheit der Inneren Stimme
Ihr höheres Selbst
Liebe ist mehr als ein Gefühl
Das Bewusstseins-Orakel
(enthält das Buch *Den Weg des Herzens gehen*)

Safi Nidiaye

Das befreite Herz

Von der Wohltat des emotionalen Aufräumens

Ullstein

Besuchen Sie uns im Internet:
www.ullstein-taschenbuch.de

Allegria im Ullstein Taschenbuch

MIX
Papier aus verantwortungsvollen Quellen
FSC www.fsc.org FSC® C083411

Ullstein Taschenbuch ist ein Verlag der
Ullstein Buchverlage GmbH
Neuausgabe im Ullstein Taschenbuch
1. Auflage Juli 2014
2. Auflage 2014

Umschlaggestaltung: FranklDesign, München
Titelabbildung: Ateet Frankl
Gesetzt aus der Baskerville
Satz: Keller & Keller GbR
Druck und Bindearbeiten:
CPI books GmbH, Leck
Printed in Germany
ISBN 978-3-548-74614-2

Inhalt

Ich danke allen, die mir ihre Geschichten zur Verfügung gestellt haben. Ohne all diese anschaulichen und lebendigen Beispiele hätte ich dieses Buch nicht schreiben mögen.

Ganz besonders bedanke ich mich bei meinem Mann, Francis Gabriel, für die Mitarbeit.

Teil I

Einführende Informationen

Einleitung

Ist Ihnen das auch schon passiert, dass Sie in bestimmten Situationen nicht anders konnten, als sich in einer Weise zu benehmen, die Ihnen selbst unangenehm war?

Kennen Sie das auch, dass Sie gewisse Verhaltensmuster beim besten Willen nicht ablegen können?

Dass Sie einer Sucht folgen wie unter Zwang, obwohl Sie das gar nicht wollen?

Dass Sie mit einem Problem einfach nicht weiterkommen, wie viel Mühe Sie sich auch geben? Selbst wenn Sie Körperzentrierte Herzensarbeit praktizieren und alles richtig machen?

Dass gewisse Stimmungen Sie immer wieder scheinbar grundlos überfallen?

Haben Sie das auch schon erlebt, dass Sie sich nach einer Begegnung plötzlich ganz anders fühlten als vorher, obwohl gar nichts Besonderes geschehen ist? Wenn Sie zum Beispiel einen Bekannten besuchen und sich nach dem Besuch wie leer gesogen fühlen, während Sie vorher voller Energie waren?

Ist es Ihnen schon mal aufgefallen, dass Leute in Ihrem Bekanntenkreis sich manchmal völlig anders benehmen, als Sie es sonst von ihnen kennen?

Oder dass Ihr Lebenspartner plötzlich eine völlig fremdartige Persönlichkeit manifestiert?

Haben Sie sich schon mal in Gegenwart eines Menschen befangen gefühlt, obwohl dazu eigentlich gar kein Grund vorlag? Oder verkrampft? Oder vor jemandem Angst gehabt, den Sie eigentlich mögen und vor dem Sie sich wirklich nicht zu fürchten brauchen?

Haben Sie sich auch schon einmal gefragt, was uns Menschen eigentlich bewegt, manchmal völlig widersinnige oder unverständliche Dinge zu tun?

Seltsame Dinge geschehen manchmal mit uns selbst und mit unseren Mitbewohnern auf diesem Planeten. Die meisten dieser Merkwürdigkeiten sind darauf zurückzuführen, dass wir von Gefühlen und Motiven gesteuert sind, die uns gar nicht bewusst sind – dass das sogenannte Unterbewusstsein uns beherrscht. Dieser Faktor ist allgemein bekannt. Was aber kaum jemand weiß, ist, dass viele der Emotionen und Beweggründe, die uns beherrschen, gar nicht unsere eigenen sind. Dass wir manchmal aus einem Gefühl heraus handeln, das uns gar nicht gehört – das wir von einem anderen aufgeschnappt haben. Schneller, als wir es überhaupt wahrnehmen können, ergreift uns plötzlich ein fremdes Gefühl, und bevor wir wissen, wie uns geschieht, agieren wir es aus – machen uns zum Sprachrohr der Wut eines anderen, lassen uns behindern von der Angst eines anderen, hassen oder trauern, trinken oder rauchen für jemand anderen. Ein solches Fremdgefühl kann uns schon seit frühester Kindheit beherrschen, nachdem wir es von Mutter oder Vater, Großmutter, Großvater, Tante oder Onkel, Bruder oder Schwester übernommen haben; es kann eines sein, das unserem Lebenspartner, einem Freund oder einer Freundin gehört; es kann aber auch das Gefühl einer Person sein, die uns etwas angetan hat oder uns übelwill. Manchmal übernehmen wir sogar Gefühle von Menschen, mit denen uns nichts weiter verbindet als eine flüchtige Begegnung. Oder von Leuten, die wir noch nicht einmal persönlich kennen, mit denen wir jedoch durch irgendein unbewusstes emotionales Muster in Resonanz treten. Auch das kollektive Gefühl einer Gruppe oder einer Nation kann uns beherrschen – der eigenen oder derjenigen, die wir bewusst oder unbewusst hassen, fürchten oder verachten.

Manche Fremdgefühle bestimmen unser Leben lang unser Denken, unsere Sichtweise, unser Verhalten. Andere fliegen uns zu, ergreifen uns kurz und verschwinden wieder aus unserem Bewusstsein.

Fremde Gefühle, mit denen wir uns unbewusst identifizieren, legen unser Herz in Ketten, machen uns blind für unsere eigenen Gefühle, verzerren unser Denken und Handeln und verfälschen unsere Beziehungen. Sich von ihnen zu befreien kommt einem Erwachen gleich. Es gibt uns die

Chance, unsere eigenen wahren Gefühle und Wünsche zu entdecken; es macht uns frei von Zwängen und Einschränkungen, die uns unnötigerweise behindern. Es hilft uns, Verhaltensmuster abzulegen, in denen wir gefangen sind. Es eröffnet uns die Möglichkeit, unserem Herzen zu folgen, unseren eigenen Weg zu gehen, uns auf unsere eigene Weise zu äußern. Es setzt uns imstande, wirklich zu lieben, anstatt in verwirrenden, quälenden, unzufriedenstellenden Beziehungen zu leiden. Es lässt uns verstehen, warum wir bestimmte Menschen ablehnen, fürchten oder hassen, und befreit uns von dem Zwang, dies weiterhin zu tun. Es hilft uns, unser Herz für andere zu öffnen und sie wahrhaft zu verstehen. Es befreit uns seelisch, geistig und körperlich; es ist nicht nur unser spirituelles Herz, das befreit wird, sondern auch das physische, das Organ. Manches hartnäckige Problem löst sich wie von Zauberhand, nachdem man das fremde Gefühl, das einen dabei beherrscht hat, entdeckt und aufgehört hat, sich mit ihm zu identifizieren. Ein Gefühl »an den Eigentümer zurückzugeben« bedeutet keinen Akt der Magie, sondern einen Moment der Erkenntnis, der auf beide Teile befreiend wirkt – auf denjenigen, der sich die fremde Bürde aufgepackt hatte, ebenso wie auf denjenigen, von dem sie übernommen wurde.

Der klemmende Scheibenwischer oder: Wie ich entdeckte, dass ein fremdes Gefühl mir die Sicht versperrte

Es regnete in Strömen, als ich in mein Auto einstieg. Ich startete den Motor und setzte den Scheibenwischer in Gang. Der jedoch rührte sich nicht. Ich stieg aus, fummelte hier, rückte dort zurecht, probierte, aber nichts half. Der Scheibenwischer klemmte. Die nächste Tankstelle war in etwa 15 km Entfernung, bis dahin musste ich durch strömenden, nein schüttenden Regen fahren – ohne Scheibenwischer? Unmöglich.

Ich war emotional aufgewühlt. Nicht wegen des Scheibenwischers, sondern wegen einer unerwiderten Liebe, an der ich so sehr litt, dass ich meinte, es nicht ertragen zu können. Gerade hatte ich mich von dem Betreffenden verabschiedet. Ich litt und grübelte, während ich auf den Regen starrte, der auf die Windschutzscheibe prasselte. Plötzlich schoss mir ein unglaublicher Gedanke durch den Kopf. Wenn es nun gar nicht meine Verliebtheit war, die mich so verrückt machte, sondern die seine? Wenn in Wirklichkeit er es war, der verliebt war, er jedoch dieses Gefühl aus seinem großen Freiheitsdrang heraus unterdrückte – sodass es sozusagen bei mir landete und mein eigenes Gefühl zur Unerträglichkeit verstärkte? Kaum war diese seltsame Idee in mein Gehirn eingesunken, setzte sich der Scheibenwischer in Gang. Ich erschrak und dann musste ich lachen. Dieser Gedanke hatte mir ganz offenbar klare Sicht verschafft. Nun wurde mir vieles klar; viele Ungereimtheiten, die mir aufgefallen waren, ergaben plötzlich einen Sinn. Ich verspürte natürlich eine gewisse Freude, weil es ihn auch erwischt hatte und nicht nur mich, aber zugleich auch Mitgefühl. Die übergroße Last der krankhaften, suchtartigen Verliebtheit war von mir abgefallen, und das Ganze war auf einmal nicht mehr solch ein Drama. Meine Fahrt nach Hause konnte ich ohne Unterbrechung fortsetzen.

Diese Geschichte ist viele Jahre her. Es war meine erste bewusste Begegnung mit einer »Gefühlsübernahme«. Und zugleich eine eindrucksvolle Demonstration davon, wie es einem die Sicht versperrt, wenn man, ohne es zu wissen, an einem fremden Gefühl leidet – und wie sie sich klärt, sobald man das erkennt! (Übrigens hatte dabei ja nicht nur ich ein Gefühl von jemand anderem übernommen, sondern auch mein Auto eines von mir! Viele Menschen haben mir schon solche seltsamen Gefühlsübernahmen von Apparaten berichtet, und Sie haben so etwas vielleicht auch schon erlebt. Mein Computer beispielsweise fängt an, sich seltsam zu verhalten, wenn ich überarbeitet bin und weiß, dass ich eigentlich abschalten sollte.)

Ich vergaß diesen Vorfall bald wieder und dachte nicht weiter über das Phänomen »Übernahme von Gefühlen anderer« nach. Erst Jahre später begann dieses Thema massiv auch in meiner Seminararbeit aufzutauchen. Nach und nach begann ich zu merken, dass wir alle fremde Gefühle in uns tragen, mit denen wir uns irrtümlich identifizieren. Die Trauer der Mutter, die Verbitterung der Großmutter, die Wut des Vaters, die Frustration des Großvaters, die Verwirrung des vor der Geburt verstorbenen Zwillings, das

Schuldgefühl des Menschen, der uns missbraucht hat, die Ängste unseres Lebenspartners, die Befangenheit der Person, der wir gerade die Hand schütteln … Der Anteil an Fremdgefühlen im psychischen Haushalt der Menschen ist überraschend groß, wie ich feststellte. Er führt dazu, dass wir unsere Lebensverhältnisse, unsere Mitmenschen, unsere Beziehungen völlig falsch einschätzen, dass wir Dinge tun und sagen, die wir gar nicht tun und sagen wollen, an Überzeugungen festhalten, mit denen wir unser eigenes Glück vereiteln, und uns in Konflikte und Kriege, in Süchte und andere destruktive Verhaltensweisen treiben lassen, die eigentlich gar nicht die unseren sind. Ich begann zu ahnen, wie ungeheuer groß die Rolle der Fremdgefühle in unserem Leben ist und welche erschütternden Auswirkungen diese Gefühlsübernahmen haben können.

Wie bei Andreas, der die Hass- und Ohnmachtsgefühle seiner Mutter übernommen hatte und sich zugrunde richtete; wie bei Claire, die sich bis zum Alter von 45 Jahren noch nie getraut hatte, glücklich zu sein, weil sie sich das Leid ihrer Mutter aufgebürdet hatte; wie bei Klaus, der die Alkoholsucht seines Großvaters übernommen hatte; wie bei Annie, die sich mit dem falschen Mann einließ, weil sie die Verliebtheit dieses Mannes gefühlt und für ihre eigene gehalten hatte. Wie bei Hans-Dieter, der bis zu seinem 60. Lebensjahr die Schuldgefühle seines Nazi-Vaters mit sich herumtrug; oder wie bei Marein, die die Trauer ihres früh verstorbenen Bruders auslebte.

Oder wie bei mir selbst, die ich das ganze Gefühlsdrama meiner früh verstorbenen Mutter in mir trug, ohne zu wissen, dass es gar nicht meines war, und davon einmal fast zum Selbstmord getrieben worden wäre.

Erschreckend viele Menschen schleppen zeitlebens Bürden mit sich herum, die ihren Müttern, Vätern oder anderen Vorfahren und Familienmitgliedern oder sonstigen Personen gehören. Und belasten auf diese Weise nicht nur sich selbst, sondern auch die eigentlichen Eigner der Gefühle. Denn Gefühle kann man, anders als materielle Bürden, niemandem abnehmen; indem man sie sich aufbürdet, verdoppelt man nur die Last.

Nachdem ich das Phänomen kennengelernt hatte, fand ich bald einen Weg, sich von der Herrschaft des fremden Gefühls zu befreien. Ich nannte diesen Befreiungsakt »Zurückgeben« und werde diesen Begriff auch in diesem Buch oft verwenden, auch wenn es sich nicht wirklich um ein Zurückgeben handelt, sondern eher um ein Erkennen. Ich entdeckte, dass es meist einen eigenen Grund dafür gibt, dass man ein fremdes Gefühl übernommen hat, und dass die Befreiung im Allgemeinen erst vollständig ist, wenn dieser Grund gefunden ist. Ich entwickelte das Ritual des »Zurückgebens«, das hilft, sich dieses Grundes bewusst zu werden.

Nach dem Zurückgeben fremder Gefühle erlebte ich oft, wie sich auf überraschend schnelle Weise Veränderungen einstellten bei Problemen, die bis dahin hartnäckig und chronisch gewesen waren; wie der Zugang zum Herzen und zu den eigenen Emotionen frei wurde; wie die Sicht sich klärte und die Beziehungen sich auf wohltuende Weise zurechtrückten und ordneten. Oft konnte beobachtet werden, wie auch die Person, der man ein Gefühl zurückgegeben hatte, sich in der Folge entlastet fühlte.

Für alle, die mit meiner Methode der Körperzentrierten Herzensarbeit vertraut sind, ist dies nun ein weiterer Schritt in der Methode – einer, der Türen öffnen kann, die bisher trotz eifrigen und korrekten Übens verschlossen geblieben sind. Für Leser und Leserinnen, die nicht mit dieser Technik vertraut sind, ist dieses Buch eine vollständige Schritt-für-Schritt-Einweihung in ein Geheimnis, das ihrem Leben in vielen Angelegenheiten, die bisher schwierig oder problematisch waren, eine neue Wendung geben kann.

Sein Herz befreien: Was Sie in diesem Buch erwartet

In diesem Buch lernen Sie zu erkennen, wenn fremde Gefühle Sie beherrschen, und sich von ihnen zu befreien. Letzteres ist im Prinzip ganz einfach. Vorausgesetzt:

a) Sie haben sie überhaupt bemerkt,

b) Sie haben erkannt, dass es fremde Gefühle sind,

c) Ihr Unterbewusstsein ist auch willens, sich davon zu lösen.

All das vorausgesetzt, ist es ein Fingerschnippen. »Ach, das ist ja gar nicht mein Gefühl, sondern das Gefühl von X« – und schwupp, alles rückt sich zurecht, das Gefühl geht gewissermaßen zurück an den Eigentümer. Aber um zu dieser Einfachheit zu gelangen, muss man die oben genannten Voraussetzungen erfüllen, und das will gelernt und eingeübt sein. Dabei gibt es einige Hürden zu überwinden.

- Die erste Hürde besteht darin, dass wir in der Regel sehr unbewusst vor uns hinleben. Wir bemerken unsere Gefühle überhaupt nicht.

  Als Erstes muss also eine Art emotionaler Aufmerksamkeit entwickelt werden. Wir müssen lernen, auf unsere Gefühle zu achten.

- Das zweite Hindernis besteht darin, dass wir die meisten Gefühle gar nicht bemerken können, da sie uns überhaupt nicht bewusst sind. Wir haben sie verdrängt.

  Wir müssen also lernen, wie man sich derjenigen Gefühle bewusst wird, die man aus dem Bewusstsein verdrängt hat. (Zum Glück gibt es dazu einen einfachen Weg.)

- Die dritte Schwierigkeit ist, dass wir mit unseren Gefühlen, selbst wenn wir sie bemerken, identifiziert sind. Wir *sind* wütend, anstatt Wut *wahrzunehmen.* Wenn wir uns aber mit etwas identifizieren, können wir es nicht zurückgeben, denn um es zurückgeben zu können, müssen wir es erst einmal wahrnehmen.

  Erst müssen wir also wissen, wie wir aufhören können, uns mit einem Gefühl zu identifizieren.

- Viertens muss man erst einmal auf die Idee kommen, dass das Gefühl, das einem gerade zu schaffen macht, einem vielleicht gar nicht gehört.

  Wir müssen mit der Möglichkeit vertraut sein, dass es Gefühle in uns gibt, die uns gar nicht gehören.

- Fünftens muss man das im konkreten Fall bemerken.

  Wir müssen lernen, zu erkennen, wann wir ein fremdes Gefühl vor uns haben.

- Sechstens muss man bereit sein, es zurückzugeben. Es können innere Hindernisse auftauchen, Ängste oder Schuldgefühle zum Beispiel.

  Wir müssen wissen, wie man mit diesen Hindernissen umgeht.

- Siebtens muss man wissen, wie man sich von dem fremden Gefühl befreit.

  Wir müssen die Technik des Zurückgebens kennen.

- Achtens reicht es nicht aus, wenn das Ganze nur im Kopf stattfindet; Gefühle sitzen im Körper und müssen dort sozusagen abgeholt werden, sonst bleiben sie dort sitzen.

  Wir müssen lernen, bewusst zu spüren und zu fühlen.

Es gibt also einiges zu lernen, wenn man sich von fremden Bürden befreien will; jedoch wenn es erst einmal gelernt ist, ist es ganz einfach. Es ist die Sache eines Augenblicks.

Sie werden merken, wie Ihr Körper, Ihre Psyche, Ihr Herz, Ihr ganzes Wesen jedes Mal aufatmet, wenn Sie sich von einer fremden Last befreien, die Sie sich irrtümlich aufgebürdet hatten.

All dies werde ich in diesem Buch erläutern. Die oben gegebene Aufzählung werden Sie im Praxisteil als Schritt-für-Schritt-Anleitung wiederfinden. Auch auf manchmal erhobene Einwände werde ich eingehen, wie: »Mache ich mir nicht selbst etwas vor, wenn ich ein Gefühl einfach als fremd erkläre und abstoße? Ist das nicht Verdrängung?« Oder: »Schade ich nicht dem Betreffenden, wenn ich ihm ein Gefühl zurückgebe, das ich von ihm übernommen habe?« Oder: »Wieso muss man überhaupt Gefühle weggeben, ist das nicht lieblos?« »Woher weiß man, dass man sich das nicht alles einbildet?« Schließlich gebe ich einen Ausblick auf die wohltuenden Wirkungen der Befreiung von Fremdgefühlen sowie auf individuelle und kollektive Lebensbereiche, in denen sich diese Technik heilend und klärend anwenden lässt.

Die Körperzentrierte Herzensarbeit als Grundlage dieser Technik werde ich ebenfalls erläutern, jedoch in der gebotenen Kürze, da ich sie in anderen Büchern bereits ausführlich dargestellt habe. Allerdings werde ich im folgenden Kapitel ihre Entwicklung skizzieren, da dieser Prozess fortlaufender Entdeckung bis hin zu der Rolle der »Fremdgefühle«, die ich im vorliegenden Buch beleuchte, Ihnen ein besseres Verständnis für dieses Thema vermitteln kann. Wenn Sie es eilig haben, zur Sache zu kommen, können Sie dieses Kapitel (zunächst) überblättern.

In diesem Buch werde ich Ihnen zahlreiche Beispiele verschiedener Menschen schildern; in einigen werden Sie sich vermutlich wiedererkennen. Sie alle belegen, wie groß der Einfluss fremder Gefühle auf uns sein kann und wie befreiend es wirkt, wenn wir diese »an den Eigentümer zurückgeben«, sprich als nicht zu uns gehörig erkennen.

Warum das so wichtig ist, können Beispiele am besten verdeutlichen. Bei allen Fallgeschichten handelt es sich um reale Beispiele, die von Seminarteilnehmern und -teilnehmerinnen, Freunden, Bekannten oder von mir selbst erlebt und aufgeschrieben wurden, gelegentlich auch Beispiele, die einer realen Geschichte nachempfunden sind, wobei ich alle Namen, teilweise auch Geschlecht, Beruf, Familienposition auf Wunsch oder im Interesse der Betreffenden verändert und die Texte redigiert, teilweise gestrafft, aber nicht im Inhalt verändert habe.

Kurze Geschichte der Körperzentrierten Herzensarbeit bis zur Entdeckung der Fremdgefühle

Anfang der 1990er-Jahre machte ich eine Serie wunderbarer Entdeckungen. Ich arbeitete damals als Kanal für Intuition und intuitives Wissen.[1] Menschen kamen zu mir mit ihren Problemen, und ich ließ mich in dem, was ich ihnen sagte und vorschlug, vollständig von meiner jeweiligen Eingebung führen. Die Intuition leitete mich immer gut, und dadurch, dass ich mich ihr blind anvertraute, konnte ich sie auch immer klar erkennen. Ich konnte vielen Menschen den Weg aus ihrer Problematik heraus eröffnen.

Ich meditierte damals viel, lange und intensiv und war davon überzeugt, dass die Antwort auf jede Frage und die Lösung für jedes Problem sich durch aufmerksames Nach-innen-Schauen finden lässt. Aus dieser eigenen Selbsterforschung und der intuitionsgesteuerten Arbeit mit anderen kristallisierte sich bald ein Weg heraus, der auf eine sehr einfache und geradlinige Weise aus emotionalem Leid und Verstrickung herausführt und auf dem man zur Lösung seiner Probleme, zur Erfüllung seiner Sehnsucht, zur Befreiung von vielen körperlichen Symptomen und zum Erwachen finden kann. Es ist ein Weg der Wahrheit, denn das einzige Instrument, das man dabei benutzt, ist die Wahrnehmung. Bewusste, konzentrierte und gezielt gelenkte Wahrnehmung.

Und hier sind einige der wunderbaren Entdeckungen, die ich dabei machte:

Erstens: Probleme finden nicht nur im Kopf statt, sondern auch im Körper; Lösungen bahnen sich an, sobald man die Wahrnehmung auf den Körper lenkt.

Zweitens: Wenn man aufmerksam in den Körper hineinspürt, findet man dort die Emotionen, die das Problem zum Problem machen und die einem nicht bewusst waren.

Drittens: Man kann eine Emotion bewusst und vollständig fühlen, ohne mit ihr identifiziert zu sein.

Viertens: Durch bewusstes und aufmerksames Fühlen gelangt die Emotion vom Körper – wo sie, solange sie verdrängt war, festgehalten wurde – ins Bewusstsein, sodass der Körper von ihr befreit wird.

Fünftens: Durch weiteres bewusstes Fühlen öffnet sich das Herz, unser fühlender Kern, dieser Emotion mit einer Regung von Verständnis, Mitgefühl, Erbarmen oder Achtung, und dieses Erlebnis wird als heilend erlebt.

Sechstens: Nachdem das Herz sich den beteiligten Gefühlen geöffnet hat, ändert sich die Sichtweise, der Körperzustand, die Haltung, das Verhalten in der betreffenden Angelegenheit, sodass das Problem entweder überhaupt nicht mehr besteht (weil es nur ein inneres war) oder sich zu lösen beginnt.

Siebtens: Probleme lösen sich nicht durch Tun, sondern durch Wahrnehmen.

Achtens: Nichtfühlen macht krank, Fühlen heilt.

Ich fand heraus, dass sich fast jedes menschliche und zwischenmenschliche Problem lösen lässt, wenn man nichts weiter tut, als sein Herz für seine eigenen Gefühle zu öffnen.

In Wirklichkeit besteht das Problem nämlich nicht in der Situation, sondern in der Art, wie man sich mit dieser Situation fühlt – und nicht fühlen will. Etwas tut weh, und deshalb wollen wir die Sache anders haben, als sie ist. Das, was wehtut, ist im Allgemeinen der Schmerz einer alten emotionalen Verletzung – also ein Gefühl aus der Vergangenheit; aber das wissen wir nicht; wir halten es für eine Tatsache. Deshalb versuchen wir, die Situation zu verändern. Aber davon, dass wir die Situation verändern, geht der Schmerz nicht weg; er verschwindet nur vorübergehend aus unserem Blickfeld und weicht angenehmeren Gefühlen. Bis er durch ein anderes Ereignis wieder ausgelöst wird. Öffnen wir jedoch unser Herz und fühlen diesen Schmerz – bewusst, ohne mit ihm identifiziert zu sein –, so hören wir auf, ihn mit einer bedrohlichen oder unerträglichen Tatsache zu verwechseln, und dem Problem ist der Boden entzogen. In uns vollzieht sich eine Wandlung; ein verzerrender Filter ist von unseren Augen entfernt worden, wir sehen die Dinge anders. Und damit ändern sie sich im Allgemeinen auch tatsächlich. Auf die eine oder andere Weise kommt die Situation in Bewegung.

Den Weg, den ich entdeckt hatte, nannte ich (inspiriert von dem Begriff »Körperzentrierte Psychotherapie«) »Körperzentrierte Herzensarbeit«. Ich stellte ihn in meinem Buch »Das Tao des Herzens« ausführlich vor und vermittelte ihn in Sitzungen, Seminaren und Vorträgen. Im Laufe der Zeit verfeinerte und vervollständigte sich mein Verständnis dieses Weges mehr und mehr, neue Erkenntnisse kamen hinzu, neue Herzensschlüssel, neue Entdeckungen in Bezug auf die Gefühlsschichten, um die es bei unseren Problemen geht. Ich schrieb zwei weitere Bücher über die Körperzentrierte Herzensarbeit, »Herz öffnen statt Kopf zerbrechen« und »Aufwachen und lachen«.

Bei der Körperzentrierten Herzensarbeit fühlt man sich mithilfe der Körperwahrnehmung durch die verschiedenen Schichten von Gefühlen hindurch, bis man auf den Grund des Problems stößt, den seelischen Schmerz – das, was einem wehtut. Ist dieser Schmerz entdeckt, als Gefühl erkannt (statt wie bis dahin als Tatsache angesehen) und bewusst gefühlt, so ist dem Problem die Basis entzogen.

Es ist immer ein großes Erwachen und auch ein sehr berührendes Erlebnis, wenn das Herz sich einem Schmerz, der zeitlebens verdrängt gewesen ist, endlich öffnet. Es ist wie eine Heimkehr. Die Folgen sind manchmal gewaltig, manchmal subtiler; aber stets löst sich das Problem oder lockert sich zumindest beträchtlich. Oft verschwinden auch die körperlichen Symptome. In vielen Fällen ändert sich die äußere Situation sofort.

Da mit diesem letzten Schritt (den Schmerz finden und ins Herz holen) dem Problem die Grundlage entzogen war, schien die Übung damit vollständig zu sein. Aber im Laufe der Jahre rückte eine weitere, tiefer liegende Gefühlsschicht in mein Blickfeld: die Sehnsucht. Ich merkte, dass oft unter einem Schmerz eine Sehnsucht begraben liegt, die man aus Herz und Bewusstsein verdrängt hat (weil es ja keinen Zweck hat, sich nach ... zu sehnen, oder weil es verboten ist). Ich entdeckte, dass viel Leid durch diese Verdrängung der Sehnsucht entsteht, dass ein Verlust an Lebensfreude bis hin zu Depression und Sucht oft die Folge ist. Ich fand heraus, dass die Sehnsucht eine Schlüsselrolle nicht nur in dem jeweiligen Problem, sondern überhaupt in unserem Leben spielt.

Ich merkte, dass es eine geradezu magische Wirkung hat, wenn man sein Herz für die Sehnsucht öffnet, die unter dem Problem verborgen gewesen ist. Man spürt in diesem Augenblick instinktiv, dass die Erfüllung dieser Sehnsucht nun beginnt, sich Bahn zu brechen. Diese Erkenntnisse erschienen mir so bedeutend, dass ich ein Buch darüber schrieb, »Befreie deine Sehnsucht«[2].

So war in der Anatomie der Gefühle, die hinter unseren Lebensproblemen oder Themen stecken, eine weitere Schicht aufgetaucht; nach den Emotionen und dem ihnen zugrunde liegenden Schmerz gab es noch eine Sehnsucht zu entdecken und ins Herz zu holen. Hier schien die Übung aber nun wirklich vollständig zu sein.

Eines Tages dachte ich mir, als ich gerade mein Herz für eine solche Sehnsucht geöffnet hatte, die ich unter einem akuten Problem gefunden hatte, und die Übung abschließen wollte: Halt, stopp, warum ende ich eigentlich hier?

Warum schaue ich nicht noch weiter hin? Wenn ich hier ende, steige ich ja gewissermaßen aus der bewussten Wahrnehmung aus. Was, wenn ich, statt zu denken, nun ginge es um die Erfüllung dieser Sehnsucht, mir diese Erfüllung auch noch bewusst und ohne Identifikation anschaue? Ich hielt also die Augen geschlossen und beobachtete weiter. Ich sah ein inneres Bild, das mir die Erfüllung dieser Sehnsucht ausmalte. Mir wurde klar, dass Sehnsucht eigentlich immer mit einem Bild verbunden ist und dass ich dieses Bild noch nie mit der gleichen neutralen Bewusstheit angeschaut hatte, wie die übrigen Bewusstseinsinhalte bei der Herzensarbeit angeschaut werden. Nun holte ich das nach. Ich betrachtete das Bild und machte es zum Gegenstand der Körperzentrierten Herzensarbeit – lernte also den Körperzustand kennen, der sich dabei einstellte, und versuchte, das Gefühl zu erfassen, das sich darin ausdrückte. Es war ein schönes Gefühl. Mir neu. Vom Namen her natürlich bekannt, aber noch nie erlebt. Ich atmete in vollen Zügen und lernte dieses Gefühl kennen, erlaubte ihm, sich auszubreiten. Ich merkte, dass das auch genau war, was es brauchte: gefühlt zu werden. Raum. Als wichtigster Herzensschlüssel aber erwies sich: es als Gefühl wahrzunehmen (statt als Tatsache). Und hier fiel es mir wie Schuppen von den Augen: Mein Leben lang hatte ich gelitten, weil ich dieses Gefühl mit einer Tatsache verwechselt und gedacht hatte, dass diese Tatsache in meinem Leben nicht vorhanden war und vielleicht nie vorhanden sein würde! In Wirklichkeit war es niemals um die Umstände gegangen, nach denen ich mich gesehnt hatte – sondern immer um das Gefühl! Nur dass mir das nicht bewusst gewesen war. Die ersehnten Umstände hätten lediglich dazu gedient, mir dieses Gefühl zu verschaffen beziehungsweise es in mir zu wecken. Aber nun war es ja schon geweckt. Ich fühlte mich schon so. Jetzt brauchte ich die Umstände nicht mehr. Und intuitiv erkannte ich in diesem Moment, dass die zuvor so stark ersehnte Realität sich tatsächlich auch einstellen würde, wenn ich dieses Gefühl in meinem Herzen hegen und pflegen würde. Weiter merkte ich, dass es bei dieser Entdeckung nicht einfach um irgendein neues Gefühl ging, sondern um etwas, was bei entsprechender Pflege in mir zu einer Qualität heranwachsen würde. Ich ahnte, dass es womöglich bei dem ganzen Problem darum gegangen war, dass diese Qualität in meinem Bewusstsein angeklopft und auf sich aufmerksam gemacht hatte!

So hatte sich nun eine weitere Schicht zu den bisher entdeckten drei Gefühlsschichten, die an einem Problem jeweils beteiligt sind, hinzugesellt:

- Emotionen, mit denen man auf Situationen reagiert
- Schmerz – das, was eigentlich wehtut
- Sehnsucht
- das ersehnte (positive) Gefühl

Hier war nun die Sache wirklich rund. Wenn man in der Problembetrachtung an diesem Punkt angelangt ist, spürt man, dass sich ein Kreis geschlossen hat und man durch das Thema »hindurch« ist.

Seit meiner Entdeckung der Körperzentrierten Herzensarbeit habe ich mit Tausenden von Menschen gearbeitet und Tausende von Sitzungen mit mir selbst durchgeführt, allein oder mit Übungspartnern, außerdem zahlreiche Zuschriften von Menschen bekommen, die mir ihre Erfolge mit der Körperzentrierten Herzensarbeit mitteilten, von der Lösung von Beziehungsproblemen bis hin zur Heilung kranker Zähne. Bei vielen Menschen, die über Jahre hinweg immer wieder in meine Seminare kamen, konnte ich beobachten, wie sie aufwachten, aufblühten, Klarheit und Selbstbewusstsein entwickelten und nach und nach zu schönen, weniger vom Ego (= Unterbewusstsein) beherrschten Menschen werden. Manche kamen als scheue, niedergedrückte, von einer grauen Wolke der Aussichtslosigkeit umgebene Wesen und verwandelten sich im Lauf von einigen Seminaren in strahlende, selbstbewusste Menschen, die endlich wieder einen Sinn im Leben sahen. Einige waren zu Beginn so sehr in ihre Problematik verstrickt (ebenso wie ich es gewesen war!), dass ich nicht sicher war, ob sie es überhaupt einmal schaffen würden, daraus aufzuwachen. Die meisten haben es nicht nur geschafft, sondern einige von ihnen sind inzwischen in der Lage, andere Menschen in die Methode einzuweihen und anzuleiten.

Manche Probleme – nicht nur Probleme, sondern ganze Problematiken, Verhaltensmuster, Zwänge, Süchte, Gewohnheiten – verschwanden komplett aus dem Leben, nachdem man ihnen per Körperzentrierter Herzensarbeit auf den Grund gegangen war. Es gab Themen, bei denen es schnell ging, und andere, bei denen es etwas länger dauerte, bei denen sich schrittweise kleine Veränderungen einstellten statt der ersehnten großen – vielleicht weil sie komplexer waren. Jedoch immer mal wieder stieß man auf ein Thema, das hartnäckiger war. Eines, das man anschauen konnte, soviel man wollte, ohne dass sich etwas änderte. Ich vermutete, es hätte mit noch nicht entdeckten inneren Widerständen zu tun, mit blinden Flecken oder einfach damit, dass die Aufdeckung weiterer Gefühle notwendig war.

Bis ich eines Tages eine erstaunliche Entdeckung machte. Es war in einem Seminar, als ich gerade eine Teilnehmerin durch eine Sitzung mit Herzensarbeit begleitete. Nennen wir sie Ilona.

> Ilona war gerade bei ihrer Trauer angelangt. Mal wieder. Es war, als ob jedes Thema, das in ihrem Leben eine Rolle spielte, in diese Trauer mündete. Es gab immer wieder neue Gründe, traurig zu sein, und doch schien es immer dieselbe Trauer zu sein. Ilona spürte ihre Trauer körperlich immer auf die gleiche Weise, in einem Bereich zwischen Herz und Hals und im Gesicht. Sie weinte immer auf die gleiche Weise, wobei sich ihr Gesicht zusammenzog. Sie war sehr wohl in der Lage, diese Trauer bewusst wahrzunehmen, jedoch konnte sie ihr Herz nicht dafür öffnen. Es gab auch keinen Widerstand dagegen – nur, die Herzensschlüssel bewegten bei dieser Trauer einfach nichts.
>
> Während sie unter meiner Anleitung mit dieser Trauer arbeitete, fiel mir ein Phänomen auf, dem ich bisher noch keine besondere Beachtung geschenkt

hatte. Ilonas Gesicht wirkte auf unnatürliche Weise alt. Ilona war vielleicht 35, aber irgendetwas in ihren Zügen erinnerte an eine Frau von 60 oder 70 Jahren. Konnte es sein, dass die Trauer nicht Ilona gehörte, sondern der alten Frau, die ich in ihren Gesichtszügen wahrzunehmen meinte? Ich beschloss, Ilona einfach danach zu fragen. Vielleicht brachte die Frage ja eine Erkenntnis herauf.

»Ist das überhaupt deine Trauer?«, fragte ich. »Kann es sein, dass die gar nicht dir gehört, sondern deiner Mutter? Oder Großmutter? Oder einer Tante?« »Ja«, sagte Ilona, die auf diese Frage hin hellwach geworden war. »Meiner Mutter. Meine Mutter hatte wahnsinnig viel Trauer in sich. Das ist ihre Trauer! Das ist ja gar nicht meine!« »Deshalb fiel es dir immer so schwer, dein Herz dafür aufzumachen«, sagte ich. »Weil diese Trauer gar nicht in dein Herz gehört. Sondern in das deiner Mutter. Trotzdem kannst du natürlich auch dein Herz dafür öffnen, aber in dem Wissen, dass es ihr Gefühl ist und nicht deines. Möchtest du das?« »Ja«, sagte Ilona mit Tränen in den Augen. »Das berührt mich sehr stark. Ich habe auf einmal ganz viel Mitgefühl und Verständnis für sie.«

Nach dieser Sitzung war die alte Frau aus Ilonas Gesicht verschwunden; wir waren alle begeistert, weil sie nun so viel jünger aussah. Ilona sagte, ihr Herz- und Halsbereich fühle sich jetzt an wie von einer einengenden Last befreit.

Und ich hatte mal wieder etwas dazugelernt. Mir war es schon begegnet, dass Menschen von anderen Persönlichkeiten regelrecht »besetzt« waren – dass sie das ganze Psychopaket eines verstorbenen Verwandten in sich trugen, ohne es zu merken (ich gehe in einem späteren Kapitel darauf ein, wie man das erkennen und loswerden kann). Doch dass jemand ein einzelnes Gefühl eines Angehörigen in sich tragen und daran ein ganzes Leben lang leiden könnte, das war mir neu. Vor langer Zeit hatte ich den Scheibenwischer-Vorfall erlebt, den ich in der Einführung schilderte, sodass ich bereits aus eigener Erfahrung damit vertraut war, jedoch hatte ich damals nicht länger darüber nachgedacht und das Thema der Gefühlsübernahme aus den Augen verloren.

Nun aber wurde meine Aufmerksamkeit in der Seminararbeit auf solche Fälle gelenkt. Immer öfter kam mir die Frage »Ist das überhaupt *dein* Gefühl?« in den Sinn. Ich merkte, wie wichtig es war, über diese Möglichkeit informiert zu sein: dass das Gefühl, das einen beherrscht, einem vielleicht gar nicht gehört. Wenn man noch nie von dieser Möglichkeit gehört hat, kann man schwer darauf kommen, und arbeitet erfolglos immer wieder an der »falschen Baustelle«, indem man versucht, ein Gefühl in sein Herz zu holen, das in das Herz eines anderen gehört. Auch bei mir selbst prüfte ich nun immer, vor allem bei den hartnäckig immer wiederkehrenden Problemen, ob dabei nicht fremde Gefühle im Spiel waren, zum Beispiel von meiner Mutter oder meinem Vater übernommene. Oder einfach von der Person, mit der ich in das jeweilige Problem verwickelt war. Ich fand heraus, dass die Erkenntnis, dass ein Gefühl übernommen ist, eine Zurechtrückung im eigenen Bewusstsein bewirkt, dass jedoch die rein geistige Erkenntnis allein nicht ausreicht, um sich von der Herrschaft dieses Fremdgefühls zu befreien. Da Gefühle – auch solche, die wir von anderen übernommen haben – keine rein geistige, sondern eine seelische und körperliche Angelegenheit sind, muss man sie auch körperlich und seelisch wahrnehmen, um diese Schichten seines Wesens von ihnen zu befreien. Ich lernte, dass es auch nicht ausreicht, ein ganzes Gefühlspaket, das man beispielsweise von seiner Mutter übernommen hat, pauschal im Ganzen zurückzugeben; das bewegt nicht viel, außer vielleicht im Sinne einer Einleitung des Ablösungsprozesses. Sondern jedes Gefühl muss einzeln im Körper aufgespürt, gefühlt und erkannt werden, dann erst kann man es an seinen Eigner zurückgeben.

Nun war also doch noch ein weiterer Schritt zu der Übung der Körperzentrierten Herzensarbeit hinzugekommen: Prüfe, ob das Gefühl, das du gerade anschaust, überhaupt deines ist oder ob du es übernommen hast, und wenn ja, gib es zurück.

Seit meine Aufmerksamkeit auf dieses Thema gelenkt wurde und ich begann, mit dem Zurückgeben zu arbeiten, sind mir so viele Lichter aufgegangen und derart viele beeindruckende »Schnelllösungen« von bis dato hartnäckigen Problemen begegnet, dass ich beschloss, diesem Thema ein Buch zu widmen.

Teil II

Wie fremde Gefühle uns unbewusst beherrschen

Wie kommt es, dass wir Gefühle von anderen übernehmen, ohne es zu merken?

In der Welt der Gefühle gibt es keine Mauern. Wenn wir jemandem begegnen, überlappen unser Energiefeld und das der anderen Person einander bis zu einem gewissen Grad. Auf diese Weise spüren wir einander und erhalten bereits auf diesem Weg einen unmittelbaren Eindruck von der gefühlsmäßigen Stimmung des anderen, lange bevor wir die Botschaft, die unsere Augen, unsere Ohren, unsere Nase uns vermitteln, im Gehirn verarbeitet und interpretiert haben. Wenn wir nicht aufmerksam sind, kann es geschehen, dass wir diese gefühlsmäßige Stimmung, die wir unbewusst wahrnehmen, für unsere eigene halten und mit den dazugehörigen Gedanken ausschmücken. Nehmen wir an, Sie begegnen jemandem, der wütend ist; und plötzlich sind

Sie selbst wütend. Da Sie den Vorfall falsch interpretieren, werden Sie meinen, dieser Mensch sei auf Sie wütend, und werden darüber Ihrerseits wütend: weil er Sie so unfreundlich behandelt oder über die Ungerechtigkeit, die darin liegt. Tatsächlich hatte die Wut des anderen mit Ihnen nichts zu tun, und Sie haben sie einfach gefühlt und sich damit identifiziert.

Im Moment der Begegnung fühlen wir, wie die andere Person sich fühlt. Wir fühlen es in uns selbst (es gibt keinen anderen Ort, an dem wir fühlen können), das heißt in unserem Körper, unserem Energiefeld, in unserem fühlenden Wesenskern, dem Herzen.

Das wäre eigentlich kein Problem, wenn dieser Vorgang bewusst abliefe. »Aha, so fühlt diese Person sich gerade.« Das setzt jedoch voraus, dass wir schon gleich zu Anfang der Begegnung bei Bewusstsein sind und auf das achten, was in uns vorgeht. Auf das erste Gefühl, den berühmten ersten Eindruck. Haben wir das versäumt, ist es bereits zu spät; in Nanosekundenschnelle hat sich die Interpretation der Sinneseindrücke in Gang gesetzt, wir haben eine Story dazu entwickelt. Und nun können wir, selbst wenn wir es versuchen, nicht mehr auseinanderhalten, was intuitive Wahrnehmung, was Emotion, was Gedanke und was Tatsache ist. Wir haben das Gesicht, die Gestalt, die Mimik, die Haltung gesehen, haben gehört, was die Person gesagt hat, und wahrgenommen, wie sie es gesagt hat, und all das haben wir auf unsere Weise interpretiert. »Ein überheblicher Mensch«, denken wir vielleicht, weil sein Verhalten uns an jemanden erinnert, der überheblich war. In Wirklichkeit ist die Person vielleicht schüchtern, fühlte sich im Moment der Begegnung unsicher oder scheu und hat aus Gründen, die in ihrer Kindheit liegen, gelernt, dies hinter einem souveränen Verhalten zu verbergen.

Im Moment der Begegnung fühlen wir also die emotionale Gestimmtheit der anderen Person. Der Ort, an dem dieses Fühlen stattfindet, ist innerhalb von uns und nicht außerhalb. Da ist also plötzlich ein Gefühl in uns. Wir achten jedoch nicht darauf. Wir nehmen es nicht bewusst wahr, und schon gar nicht nehmen wir wahr, dass wir es von jemandem aufgeschnappt haben (haben vielleicht auch von dieser Möglichkeit noch nie gehört). Wir fühlen uns eben einfach so. Für einen Augenblick oder für länger.

So übernehmen wir also die Gefühle von anderen bei flüchtigen Begegnungen:

Im Moment der Begegnung überlappen sich unsere Energiefelder bis zu einem gewissen Grad, und in diesem Augenblick empfinden wir das Gefühl des anderen in uns selbst.

Wir bemerken das aber nicht bewusst.

Wir fühlen uns einfach, wie der andere sich fühlt, und halten es unbewusst automatisch für unser eigenes Gefühl.

Wir identifizieren uns also damit und drücken es in unseren Gedanken und unserem Verhalten aus.

Mit diesem Gefühl kann nun zweierlei geschehen: Entweder es verschwindet wieder aus unserem Energiefeld oder es bleibt darin hängen. Wenn es wieder verschwindet, ist es wie bei jedem anderen Eindruck, der uns begegnet und für uns keine besondere Bedeutung hat – ein Auto, das vorbeifährt, eine Wolke, ein Baum, ein Mensch, der nichts an sich hat, was unsere Aufmerksamkeit auf sich zieht.

Vielleicht ist es uns völlig unbekannt, also in unserer eigenen Geschichte noch nie in uns geweckt worden. In diesem Fall ist es einfach ein Eindruck, dessen Codierung wir nicht lesen können, wie eine Radiowelle, die uns durchstreift und keinen Eindruck hinterlässt, weil wir sie ohne die Vermittlung eines Radioapparats nicht interpretieren können. Oder das Gefühl ist uns bekannt, weckt jedoch keinerlei besonderes Interesse in uns, wir verbinden damit kein Thema. Dann ist es einfach ein flüchtiger Eindruck, der unser Gemüt durchstreift.

Es gibt jedoch Eindrücke, die uns nicht so schnell loslassen. Ein Auto von der Sorte, die wir selbst gerne besäßen; eine Wolke, die wie ein Engel aussieht; ein Baum, der uns an unsere Kindheit erinnert; ein Mensch, der attraktiv auf uns wirkt. Oder bedrohlich. Das sind Eindrücke, die ein Gefühl in uns wecken und daher länger haften bleiben.

Ähnlich ist es mit emotionalen Eindrücken, die wir bei der Begegnung mit einem anderen Menschen empfangen. Diejenigen, die uns nichts bedeuten, sind flüchtig; diejenigen, die ein Gefühl in uns wecken, verbleiben länger bei uns.

Nun gibt es also zwei Gefühle in uns: das der anderen Person und das eigene, das wir damit verbinden. Wir fühlen die Unsicherheit des anderen; und sie erinnert uns an unsere eigene Unsicherheit, die uns dadurch in Erinnerung gebracht und aktiviert wird. Folge: Wir fühlen uns doppelt unsicher. Das bemerken wir aber nicht bewusst, sondern diese übergroße Unsicherheit ergreift uns einfach und wir verhalten uns entsprechend. Das nennt man »Mit einem fremden Gefühl in Resonanz treten«.

Im Moment der Begegnung, während unsere Energiefelder einander überlappen, nehmen wir unbewusst das Gefühl der anderen Person wahr.

Tatsächlich existiert genau dieses Gefühl auch in uns. Durch die Begegnung mit dem gleichartigen Gefühl des anderen wird es in uns geweckt.

Dieses eigene Gefühl nehmen wir jedoch auch nicht bewusst wahr.

Nun werden wir also unbewusst von zwei Gefühlen beherrscht: einem fremden und einem eigenen, die einander ähnlich oder fast identisch sind. Das Ergebnis ist, dass das verdoppelte Gefühl uns in besonders starker und hartnäckiger Weise beherrscht.

Das fremde Gefühl kann jedoch auch ein andersartiges, vielleicht entgegengesetztes Gefühl in uns wecken. Die Unsicherheit eines Mitmenschen, die wir unterschwellig wahrnehmen, kann uns daran erinnern, wie unsicheres Verhalten in unserer Familie mit Verachtung gestraft wurde, und uns verächtlich reagieren lassen. So kann es dazu kommen, dass drei Gefühle in unserem Innern einander überlagern: die Unsicherheit des anderen; die eigene Unsicherheit; die Verachtung. Zwei davon sind nicht unsere eigenen: Unsicherheit Nr. 1 gehört der Person, der wir begegnet sind; die Verachtung gehört unserem Vater oder unserer Mutter.

Jedoch ist uns das alles nicht bewusst, sodass am Ende unser Verhalten oder unsere Gedanken nur die Verachtung ausdrücken. Schematisch zusammengefasst:

Im Moment der Begegnung, während unsere Energiefelder einander überlappen, nehmen wir unbewusst das Gefühl der anderen Person wahr.

Dieses weckt in uns ein eigenes, gleichartiges Gefühl.

Diesem Gefühl wurde in unserer Kindheit in der Familie mit einem bestimmten negativen Gefühl begegnet, und daher haben wir gelernt, es zu unterdrücken.

So sind also nun drei Gefühle in uns vorhanden: das fremde Gefühl, unser eigenes, gleichartiges und das negative, mit dem wir es unterdrücken. Letzteres sitzt an der Oberfläche und wird von uns ausgedrückt.

Ähnliches spielt sich vielleicht auch in der anderen Person ab. Auch sie empfängt den Eindruck unserer gefühlsmäßigen Stimmung im Moment der Begegnung; auch sie ist sich wahrscheinlich dessen nicht bewusst; auch sie übernimmt vielleicht unser Gefühl und reagiert darauf.

Arnold und Sofie begegnen einander in einer Vorlesung. Arnold wird sofort von Unsicherheit befallen, wie jedes Mal, wenn er einer attraktiven Frau gegenübersteht; Sofie fühlt diese Unsicherheit, ohne zu wissen, dass es seine ist, und übernimmt sie. Sie verstärkt ihre eigene Unsicherheit. Jedoch hat sie die Verachtung übernommen, die ihre Mutter unsicheren Männern entgegenbrachte; und so tritt die Unsicherheit hinter Verachtung zurück. Arnold spürt diese Verachtung unbewusst und übernimmt sie ebenso unbewusst. Seine Überzeugung, dass attraktive Frauen dumme, überhebliche und eigentlich verächtliche Geschöpfe sind, wird mal wieder verstärkt. So endet etwas, was der Anfang einer wunderbaren Geschichte hätte sein können, wenn beide sich ihrer eigenen Gefühle bewusst gewesen wären und die fremden Gefühle zurückgewiesen hätten, als frustrierendes und verwirrendes Ende einer kurzen Begegnung.

Wenn man erst einmal verstanden hat, dass uns ständig fremde Gefühle durchstreifen, wird man ein völlig anderes Verständnis für Vorfälle und für Menschen entwickeln.

Geschichten wie diese haben Sie bestimmt schon erlebt: Sie gehen im Supermarkt einkaufen. Sie sind froh gestimmt und freuen sich über Ihre Einkäufe. An der Kasse empfängt Sie eine übellaunige Kassiererin, die Ihre Sachen, ohne Sie anzuschauen, muffig über die Theke schiebt. Draußen auf dem Parkplatz merken Sie, dass Sie schlechte Laune haben. Statt der sonnigen Stimmung von vorher bevölkern nun ärgerliche Gedanken über diese Person Ihr Gemüt. Nun kann es geschehen, dass Sie diesen Ärger an der nächstbesten Person abreagieren oder ihn nach Hause tragen und sich den Genuss der Lachsschnitte, die Sie so freudig gekauft hatten, mit ärgerlichen Gedanken verderben. Vielleicht haben Sie sogar Magenschmerzen oder Sodbrennen hinterher. Tatsächlich gehört Ihnen dieser Ärger aber gar nicht. Er gehört der Kassiererin. Die Frau hat sich über ihren Chef geärgert, der sie trotz Unterbezahlung und katastrophaler Arbeitsbedingungen auch noch ständig schikaniert. Für den Augenblick der Begegnung, als Ihre Kraftfelder einander überlappten oder durchdrangen, waren Sie von dem Ärger dieser Frau erfüllt. Da Sie das Gefühl »Ärger« ebenfalls kennen, identifizierten Sie sich sogleich damit und interpretierten es auf Ihre Weise. »So eine blöde Kuh.«

Die Sache wäre anders verlaufen, wenn Sie sofort gemerkt hätten, dass der Ärger, den Sie auf einmal verspürten, die Emotion der Kassiererin war. Dann wäre dieses Empfinden für Sie einfach eine Information darüber gewesen, wie diese Frau sich fühlte. Je nach der Verfassung Ihres Herzens hätten Sie darauf mit Mitgefühl, Verständnis, Interesse, Neutralität oder Gleichgültigkeit reagiert. Jedoch damit Sie das hätten merken können, hätten Sie in jenem Moment wach und bewusst sein müssen – daran hapert es ja bereits im Allgemeinen. Und außerdem hätten Sie noch darüber informiert sein müssen, dass es vorkommen kann, dass man eine Emotion fühlt, die gar nicht die eigene ist. Da es uns allen im Allgemeinen an dieser Art Bewusstheit fehlt, erleben wir am laufenden Band solche Gefühlsübernahmen, ohne es zu wissen.

In der Welt der Emotionen gibt es keine Trennung. Keine Mauer umgibt unsere Psyche. In der physischen Realität, wie sie sich unseren Augen präsentiert, gibt es eine Art Mauer, hinter der wir uns schützen und verbergen können – unser äußeres Erscheinungsbild. Da erscheint unsere Haut als Grenze. Niemand kann da hineinschauen. Selbst der Arzt, der unseren Körper aufschneidet oder mit Instrumenten untersucht, kann unser Inneres, unsere Gefühle und Gedanken, nicht mit seinen Augen sehen. Doch in der inneren Welt gibt es nichts Verstecktes. Jeder, der darauf achtet, wird bemerken, dass er Gefühle und Gedanken anderer wahrnehmen kann. Wenn Sie Ihre Geliebte oder Ihren Geliebten umarmen und überwältigt sind von Liebe, wessen Liebe spüren Sie da? Ihre eigene? Oder die des anderen? Oder beide? Oder die Liebe, die durch Ihr Zusammensein in beiden ausgelöst wird? Wer kann das sagen? Und wenn Ihr Liebster oder Ihre Liebste sagt: »Komm, lass uns hinausgehen und den Sonnenuntergang genießen«, und Sie sagen dann: »Komisch, das habe ich auch gerade gedacht«, wessen Gedanke war das dann? Haben Sie den Gedanken des anderen aufgefangen oder umgekehrt? Oder war es einfach ein Gedanke, der von irgendwo angeflogen kam und von beiden Gemütern aufgefangen wurde? Oder einfach eine plausible Idee, auf die beide zugleich gekommen sind?

Wenn ein fröhlicher Mensch den Raum betritt und Sie sich auf einmal belebt fühlen: Ist das Ihre Reaktion auf die Stimmung des anderen oder ist das dessen Stimmung, die Sie fühlen?

Es gibt keine Mauer, die unsere Gefühle von den Gefühlen anderer trennt. Und dennoch gibt es einen Unterschied zwischen »meinem« und »deinem« Gefühl. Wir schwimmen nicht einfach in einer kommunistisch verwalteten Gefühlssuppe. Sondern es gibt Gefühle, die Ihnen gehören, und Gefühle, die anderen gehören. Für die richtige Einschätzung von Situationen, das adäquate Handeln, für glückliche Beziehungen, für Erfolg auf unserem Lebensweg und für unsere innere und äußere Gesundheit ist es nützlich, das zu unterscheiden. Und auch für unser geistiges Vorankommen. Was von dem, das ich gerade fühle, ist meins? Und was gehört anderen?

Ein Gefühl ist natürlich kein Gegenstand und »gehört« infolgedessen auch niemandem. Was wir als »Gefühl« bezeichnen, ist eine Art, sich zu fühlen. »Dieses Gefühl gehört zu mir, jenes zu meiner Tante« meint in Wirklichkeit: Ich fühle mich so, und die Tante fühlt sich so.

Die Gefühlsqualität als solche ist eine allgemeine menschliche Erfahrung. So gesehen ist Ärger einfach Ärger, und »meinen« Ärger gibt es ebenso wenig, wie es »mein Gelb« gibt. Gelb ist Gelb, und Ärger ist Ärger. Jedoch macht es einen Unterschied, ob ich mich gerade ärgere oder ob du dich gerade ärgerst. Wenn wir unsere Gefühle mit denen anderer verwechseln, leben wir in einer Täuschung, und alles kommt durcheinander. Großes Leid wird oftmals erzeugt durch diese Verwechslungen, wie wir später sehen werden.

Der schnellste Weg, sich die Laune zu verderben: Gefühlsübernahme bei flüchtigen Begegnungen

Vielleicht haben Sie so etwas auch schon erlebt: Sie sind zu einer Party eingeladen, werfen sich in Schale und begeben sich voll freudiger Erwartung ins Getümmel. Sie treffen nette Leute, werden gebührend bewundert, öffnen bei einem Gläschen Champagner Ihr Herz für das Wohl und Weh von jedem, der Ihnen begegnet – plötzlich aber befällt Sie eine seltsame Gereiztheit, und von nun an geht Ihnen alles nur noch auf die Nerven. Nun reagieren Sie abweisend auf die anderen Gäste und auf Ihre Begleitung, trinken zu viel, um die gute Laune wiederherzustellen, was aber misslingt, und der Abend endet irgendwie unfroh.

Am nächsten Morgen ist die gereizte Stimmung verflogen, stattdessen haben Sie einen Kater und wundern sich über den Stimmungsumschwung, der auf dieser Party über Sie hereingebrochen ist. Da war doch gar nichts? Oder hat jemand etwas gesagt, was Sie geärgert hat? Eigentlich nicht, jedenfalls nicht, dass Sie wüssten …

Tatsächlich haben Sie die Gereiztheit einer Person aufgefangen, mit der Sie sich kurz unterhalten haben.

Ähnliches kann uns überall passieren, wo wir Leute treffen. Schon Prentice Mulford[3] wies darauf hin, dass man seine Mußestunden, also die Zeiten, in denen man sich entspannt und öffnet, möglichst nur mit Leuten verbringen solle, in deren Gegenwart man sich ungestraft entspannen kann, da man sich in diesen Zeiten im negativen, also empfänglichen Modus befindet und daher fremde Stimmungen aufnimmt.

Ist Ihnen auch schon einmal aufgefallen, dass Sie sich in der Gegenwart eines bestimmten Menschen angespannt oder verkrampft fühlen, ohne dass es einen Grund dafür gäbe? Sie wollen nichts von dieser Person, es steht für Sie nichts auf dem Spiel, und sie bedeutet Ihnen auch nichts Besonderes – und trotzdem verkrampfen Sie sich. Möglicherweise ist es die andere Person, die innerlich angespannt oder verkrampft ist, und Sie empfinden das mit, ohne es zu wissen.

Fremde Gefühle können sich auf uns übertragen, während wir uns in einer Menschenmenge befinden, in der Bahn sitzen, an einer Veranstaltung teilnehmen, aber auch beim Einkaufen, bei einer flüchtigen Begegnung, einem Händedruck oder einem Gespräch.

Gestern hatten wir Besuch von einem Bekannten. Dieser Mann hat kein leichtes Schicksal, aber er meistert es mit viel Mut und Humor. Ich bringe ihm viel Sympathie und Wertschätzung entgegen; Gefühle, die ich allerdings bis zu dem Vorfall, den ich gleich erzählen werde, nie bewusst wahrgenommen habe.

Unser Besuch ist gestern Abend wieder abgereist, nachdem wir einen sehr schönen und inspirierenden Abend miteinander verbracht haben.

Heute Morgen war ich sehr müde; ich schrieb es dem grauen, feuchten Wetter zu. Ging dann als Erstes ein wenig im Garten spazieren, um wach zu werden, roch an den neuen Blüten (es ist gerade Frühling) des

Kirschbaums und begann, ein paar sanfte Körperübungen zu machen, um wach zu werden. Kaum hatte ich damit begonnen, brach ich in Tränen aus. Ich konnte mir das nicht erklären, fragte mich selbst, warum ich denn so verzweifelt war. Fand auch ein paar überzeugende Gründe (die gibt es ja immer), aber irgendwie passte das alles nicht zusammen. Bis mir in den Sinn kam, ich könnte die Verzweiflung unseres Freundes übernommen haben, die jener vielleicht nicht fühlte, sondern mit viel Kraft und Humor überspielte. Ich atmete tief ein und aus und gab ihm die Verzweiflung zurück. Und siehe: Auf einmal war ich wieder da. Ich hatte überhaupt nicht gemerkt, dass ich vorher nicht da war! Unter »da« verstehe ich: aufgewacht und in Kontakt mit der Welt um mich her. Plötzlich konnte ich die Blütenpracht, die ich vorher trübsinnig versucht hatte, in mich aufzunehmen, tatsächlich bewundern und die Natur um mich her begrüßen.

Ich fragte mich, warum ich dieses Gefühl übernommen hatte. Ein Wunsch zu helfen tauchte auf und dahinter: Sympathie (eine häufig benutzte Übertragungsschiene für die Emotionen anderer!) und Mitleid. Ich konnte mein Herz für diese Gefühle öffnen, sie brauchten alle dasselbe: einfach bewusst wahrgenommen zu werden. Das Mitleid brauchte noch, klingt paradox, Mitgefühl.

Wenn wir nun bereits bei flüchtigen Begegnungen Gefühle von anderen Menschen übernehmen, die uns dann für kurze oder auch längere Zeit beherrschen –

wie die üble Laune der Kassiererin im vorigen oder die Verzweiflung des Freundes in diesem Kapitel –, dann können Sie sich vorstellen, wie viel tiefer greifender, schwerwiegender und oft auch tiefer verdrängt Gefühlsübernahmen aus der Kindheit sind! Im folgenden Kapitel stelle ich einige Fallgeschichten vor.

Die erste Identifikation mit fremden Emotionen: sich fühlen, wie Mami sich fühlt

Während unseres Aufenthalts im Mutterleib und während der ersten Lebensmonate sind wir eingebettet in die emotionale Landschaft unserer Mutter, und ihre Gefühlsstürme oder -wolken durchziehen unser Gemüt. Somit prägt die emotionale Atmosphäre unserer Mutter zunächst einmal ganz entscheidend die Art, wie wir uns fühlen. Unsere eigenen Emotionen lernen wir wahrzunehmen durch die Art, wie unsere Mutter (oder früheste Bezugsperson) auf unsere Gefühlsäußerungen reagiert. Dadurch, dass ein Herz auf die Regungen unseres Herzens antwortet, wird unser Herz – unser fühlender Kern – berührt und aktiviert.

Früher oder später entdecken wir, dass »ich« und »Mutter« zwei verschiedene Wesen sind, und nach und nach nabeln wir uns innerlich ab. Wenn die Mutter ein emotional bewusstes Wesen ist und es zwischen Mutter und Kind eine gute Kommunikation gibt, so lernt das Kind bald, Gefühle wahrzunehmen, und bald kann es auch unterscheiden, welches die eigenen Gefühle sind und welches die der Mutter. Gibt es weitere Familienangehörige, also Geschwister, Vater, Großmutter und so weiter, so erleichtert das diesen Unterscheidungsprozess.

Jedoch ist emotionale Bewusstheit etwas Seltenes. Der Regelfall ist, dass die Mutter von bestimmten Gefühlen beherrscht wird, ohne es überhaupt zu bemerken, und das Kind ebenso. Sie agieren ihre jeweiligen Gefühle aus, anstatt in klarer Weise darüber zu kommunizieren.

Wir wachsen also in einer Atmosphäre emotionaler Unbewusstheit und Verwobenheit auf. Wir bemerken unsere Gefühle nicht und wir bemerken schon gar nicht, dass einige der Gefühle, die unser Gemüt bevölkern, gar nicht die unseren sind; dass sie unserer Mutter, unserem Vater oder anderen Familienmitgliedern gehören. Wir haben diese Emotionen unserer Angehörigen einfach gefühlt, weil das natürlich ist, aber eben ohne zu wissen, dass sie uns nicht gehören. Und manche von ihnen sind bei uns hängen geblieben und beherrschen uns fortan, zusammen mit den dazugehörigen Überzeugungen. Wir haben sie unbewusst übernommen.

Ich hatte beispielsweise von meinen beiden Eltern Schuldgefühle übernommen. Aber ich wusste das nicht. Ich wusste nur, dass ich mich andauernd und irgendwie grundsätzlich schuldig fühlte. Ich hatte dieses Gefühl schon viele Male ins Herz geholt, hatte zahlreiche schöne und befreiende innere Erlebnisse und äußere

Bestätigungen damit gehabt – und doch, das gute alte Schuldgefühl hörte nicht auf, mich auf die selbstverständlichste Weise zu beherrschen. Warum ich eigentlich so schuldig war – ich hatte keine Ahnung. In nichts von all dem, was ich bereits in der Herzensarbeit an Zusammenhängen aufgedeckt hatte, war ein ausreichender Grund für ein solch schweres Schuldgefühl zu finden.

Eines Tages kam es mir in den Sinn, mich zu fragen, ob ich dieses Gefühl nicht von meiner Mutter übernommen haben könnte. Sie hatte sich umgebracht, als ich ein Jahr alt war. Wenn man Selbstmord begeht und dabei auch noch ein Baby im Stich lässt, muss man sich ja sehr schuldig fühlen. Ich rief sie also im Geist herbei und bat sie, ihren Teil Schuldgefühl zu sich zurückzunehmen. Daraufhin wurde mir ein wenig leichter, das Ganze hatte nun nicht mehr den Anstrich einer mysteriösen, unverzeihlichen alten Schuld wie vorher. Etwas später tauchte in mir der Verdacht auf, ich könnte vielleicht auch Schuldgefühle meines Vaters übernommen haben. Er hatte sich vermutlich wegen ihres Selbstmords schuldig gefühlt und dieses Gefühl, weil es unerträglich war, ganz sicher verdrängt.

Ich rief also auch ihn im Geist herbei und gab ihm ebenfalls seinen Teil Schuldgefühl zurück. Danach änderte sich etwas. Nicht sehr dramatisch, aber wirksam. Seitdem merkte ich immer sofort, wenn ich mich wieder einmal automatisch so verhielt, als sei ich schuldig. Ich war nicht mehr damit identifiziert. Ich entdeckte neue Verhaltensmöglichkeiten. Es fiel mir zum Beispiel jetzt leichter, von anderen etwas zu nehmen, ohne zwanghaft dafür bezahlen zu müssen, oder anderen ihren Teil Verantwortung zu überlassen, statt mir wie früher alles aufzubürden, oder es zu ertragen, auch einmal im Recht zu sein. All das war früher nicht möglich gewesen.

Oft übernehmen wir von nahestehenden Angehörigen nicht nur ein einzelnes Gefühl, sondern ganze Gefühlspakete samt dazugehörigen Überzeugungen.

Wolfgang war ein vielseitig begabter Mann, aber irgendwie schaffte er es nicht recht, in irgendetwas dauerhaften Erfolg zu haben. Was immer er anfasste, verlief unzufriedenstellend für ihn. Hier und da klappte mal etwas ganz gut, aber die Erfolge, die dem Wert seiner Arbeit eigentlich angemessen wären, blieben aus. Für ihn war klar: Er war ein unbedeutender Mensch und würde es immer bleiben. Für seine Freunde war klar: Er war ein bedeutender Mensch, der sich aber irgendwie nicht genügend traute oder wertschätzte, um aus seinen Talenten und seinem Können etwas zu machen.

Im Seminar wollte er sich das Thema erst gar nicht anschauen, weil er meinte, dass das doch überhaupt kein Problem sei; doch seine Freundin, die auch mitmachte, beharrte darauf, dass es sich lohnen würde, wenn er die Sache einmal untersuchen würde. Wolfgang ließ sich also überreden, das Thema »Erfolg« mit Körperzentrierter Herzensarbeit anzuschauen. Er entdeckte dabei, dass er davon überzeugt war, er dürfe nicht groß sein. Er wurde sich der Gefühle bewusst, die damit verbunden waren – eine Art Genügsamkeit, unter der jedoch Trauer verborgen lag, eine Sehnsucht, eine Frustration, eine Bitterkeit, die ihm bis dato gar nicht aufgefallen waren. Der Versuch, diese Gefühle ins Herz zu holen, scheiterte. Ich fragte ihn, ob das eigentlich seine eigenen Gefühle seien. In seinem Gesicht leuchtete ein Erkennen auf, und er sagte: »Nein, das sind die Gefühle meines Vaters! Ich habe sie von ihm übernommen!«

Wolfgangs Vater war ein außerordentlich talentierter Mann, der in einer ebenso frommen wie armen Familie aufgewachsen war. Eine Begabung, wie er sie hatte, wurde als etwas betrachtet, was Menschen ihres Standes nicht zukam und sich außerdem für einen guten Christen nicht ziemte. Er litt also zeitlebens an einer unerfüllten Sehnsucht, die ihn mit Trauer, Frustration und Bitterkeit erfüllte, und unterdrückte das alles mit einer Philosophie der Genügsamkeit, die er von seinen Eltern erlernt hatte.

Als Wolfgang diese Zusammenhänge erkannt hatte, konnte er seinem Vater die Gefühle zurückgeben, die er von ihm übernommen hatte. Danach erst entdeckte er seine eigenen Gefühle: eine Freude an seiner Begabung, ein Wunsch nach Perfektion und die Sehnsucht nach Erfolg und Anerkennung.

Für diese Gefühle konnte er sein Herz öffnen. Im selben Moment hatte er den Eindruck, dass sein Schicksal sich nun wenden würde. Tatsächlich berichtete er bald nach dem Seminar, dass er einen vielversprechenden Auftrag erhalten habe.

Nicht nur von unseren Eltern, auch von Großeltern und anderen Angehörigen übernehmen wir Gefühle.

Manchmal sind es ganze Gefühlspakete einschließlich Gedanken und Gewohnheiten, die wir von uns nahestehenden Angehörigen übernehmen. Die folgende Geschichte erzählt von einer sehr komplexen Gefühlsübernahme.

Dieter ist bei seinen Großeltern aufgewachsen. Seine Großmutter war ziemlich streng. Sie hatte den Krieg erlebt und aus dieser Erfahrung den Schluss gezogen, man müsse seinen Platz im Leben mit Härte erobern. Dieter wurde deshalb von klein auf strengen Regeln unterworfen und für Fehltritte von seiner Großmutter hart bestraft. Hinter dieser harten Seite der Großmutter gab es allerdings auch eine andere, liebevollere, und in Wirklichkeit war diese Frau sehr um ihren Enkel besorgt. Diese Seite zeigte sie jedoch nicht nach außen hin.

Dieters Großvater war ein ruhiger, liebevoller Mann, der sich um seine Arbeit, seinen Garten und seine Tiere kümmerte und den es frustrierte und traurig machte, zu sehen, wie seine Frau mit dem Jungen umging. Wenn sein Frust zu groß war, kaute er an den Nägeln. Dieter suchte oft Zuflucht bei seinem Großvater. Bald begann auch er, an seinen Nägeln zu kauen. Aus Sympathie zu seinem Großvater übernahm er unbewusst etliche Gefühle von ihm: seine Freudlosigkeit, seinen Frust, seine Hoffnungslosigkeit, ein Gefühl, sich selbst aufzufressen, und auch eine Sehnsucht nach Veränderung.

Großmutter schimpfte auf Großvater und Dieter, darüber, dass sie beide an ihren Nägeln kauten und deshalb schmutzig waren. Dieter spürte die Ablehnung darin, er fühlte sich missachtet und ungerecht behandelt.

Später, im Erwachsenenleben, befielen Dieter in Gegenwart bestimmter Damen stets Gefühle von Missachtung und Ablehnung, auch wenn er die betreffende Person überhaupt nicht kannte. Es waren stets Frauen, die eine bestimmte Strenge und Härte ausstrahlten.

Mit der Technik der Körperzentrierten Herzensarbeit vertraut gemacht, nimmt Dieter sich vor, der Sache auf den Grund zu gehen.

Als Erstes kommt Wut auf seine Großmutter in ihm auf. Sogar Hass. Wegen all der Ungerechtigkeit, die sie ihm und auch seinem Großvater entgegengebracht hatte. Er kann sein Herz für diese Wut und diesen Hass öffnen; der Hauptschlüssel, den beide brauchen, ist Verständnis.

Dann schaut er sich das Gefühl von Missachtung an, das die betreffenden Frauen in ihm auslösten. Dieses Gefühl taucht zwar regelmäßig in ihm auf, scheint ihm bei näherer Betrachtung aber fremd zu sein. Er achtet seine Frau, seine Kinder, bringt auch seinen Kollegen im Büro Achtung entgegen. Er liebte seine Großmutter wie seinen Großvater, wenn er sie auch manchmal hasste für ihre Härte und die ungerechte Art, in der sie ihn behandelte. Aber Missachtung? Wieso sollte er sie missachten? Das schien ihm unlogisch zu sein, und mit dieser Überlegung tauchte die Ahnung in ihm auf, dass diese Missachtung gar nicht sein Gefühl war, sondern das seiner Großmutter. Er erkannte intuitiv, dass dies tatsächlich so war, und gab es ihr zurück. Danach stellte sich Verständnis für sie ein. Bei der Visualisierung des Zurückgebens merkte er, dass seine Großmutter dieses Gefühl nicht zurücknehmen wollte, und zugleich tauchte das Bild ihres Vaters auf, von dem sie es, wie Dieter schlussfolgerte, übernommen hatte. Im Geist bat er seine Großmutter, dieses Gefühl trotzdem zurückzunehmen und dann weiterzugeben an ihren Vater, der ihr in ihrer Kindheit diese Missachtung entgegengebracht hatte und dem es vielleicht ursprünglich gehörte.

Wie es im Leben oft so geht, dauert es nicht lange, bis Dieter wieder einer streng dreinblickenden Frau begegnet. Diesmal merkt er, dass diese Strenge eine Maske ist, die sie sich zugelegt hat, um besser in der Welt zurechtzukommen. Er empfindet Mitgefühl und Verständnis dafür, und ihm fällt auf, dass das Zittern und Verkrampfen, das ihn sonst stets unter dem »Großmutterblick« befallen hatte, von ihm abgefallen ist. Befreit seufzt er auf.

Die Person, die ihn scheinbar böse angeschaut hat, das ist ihm nun klar geworden, hatte ihrerseits irgendein Thema, vielleicht eines, das sein Anblick in ihr ausgelöst hat. Später macht ihn seine Frau darauf aufmerksam, dass er ab und zu völlig in Gedanken verschwindet und dass er immer noch an den Nägeln kaut. Und dass sie den Eindruck hat, es gäbe da vielleicht einen Zusammenhang. Dieter schaut sich das an. Er begibt sich tief in den Zustand des Nägelkauens hinein. Merkt, dass er dabei in einer Art Leere verschwindet, in der es nichts gibt als Kummer und Sorgen.

Wieso Kummer und Sorgen? Dieter findet keinen Bezug zu diesen Gefühlen. Okay, es gibt die üblichen Kleinigkeiten, wie sie in Familien stattfinden. Aber er hat eine gute Arbeit, genügend Geld, seine Frau verdient ein solides Beamtengehalt, und den Kindern geht es gut. Während er sich weiter auf den Zustand des Nägelkauens konzentriert, taucht das Bild seines Großvaters vor seinem inneren Auge auf. Ja, sein Großvater hat Sorgen gehabt und er hat an Kummer gelitten, und es waren diese Gefühle, in denen er verschwand, wenn er an seinen Nägeln kaute. Dieter bittet also innerlich seinen Großvater, diese Gefühle zu sich zurückzunehmen, was dieser in seinem inneren Bild auch sofort tut.

Nach dieser Sitzung bemerkt Dieter, dass die – lebenslange – Gewohnheit, an den Nägeln zu kauen, nur noch ganz schwach vorhanden ist. Am Anfang ist es nicht ganz leicht, sich diesen Reflex völlig abzugewöhnen, aber Dieter ist aus der Identifikation mit der seltsamen Gefühlsblase aus Kummer und Sorgen, die ihm gar nicht gehört hat, aufgewacht, und kaut nun nur noch selten auf seinen Nägeln herum.

Und wenn er sich wieder dabei erwischt, verurteilt er sich jetzt nicht mehr dafür, sondern erinnert sich daran, dass sein Großvater sich oft Sorgen um ihn gemacht und versucht hat, ihn vor den Launen seiner Frau zu schützen. Das gibt ihm ein schönes Gefühl.

Manchmal werden Gefühle über mehrere Generationen hinweg übernommen. Da entstehen dann sogenannte »Familienbürden«, die manchmal den Charakter eines Fluches annehmen. Indem man Gefühle, die man von seinen Vorfahren übernommen hat, anschaut und zurückgibt, kann es geschehen, dass man eine Gefühls-Weitergabekette zu Ende bringt, die sich über lange Zeiträume erstreckte. Die Bürde, die viele Generationen getragen haben, ist nun aufgelöst – denn man hat die Gefühle, aus denen sie besteht, auseinandersortiert, als Gefühle (statt Tatsachen) erkannt und sein Herz dafür geöffnet. Der Fluch ist aufgelöst, und das Aufatmen – so fühlt es sich manchmal an – reicht bis in die ferne Vergangenheit.

Belastet durch Gefühle, die verstorbenen Geschwistern gehören

Neben Gefühlsübernahmen von den Eltern und Großeltern begegnen mir besonders häufig solche von verstorbenen Geschwistern, auch und gerade solchen, die sehr früh, bei der Geburt oder im Mutterleib gestorben sind. Wenn von Zwillingen eines zur Welt kommt und eines stirbt, ganz gleich in welcher Phase der Entwicklung, ist die Wahrscheinlichkeit groß, dass der lebende Zwilling Gefühle des verstorbenen übernimmt; manchmal nicht nur einzelne Gefühle, sondern das ganze Gefühlspaket.

Der Grund liegt oft im Schuldgefühl. Der Mensch meint dann, auf Kosten des anderen zu leben, und fühlt sich schuldig. Manchmal geschieht diese Übernahme aber auch aus Angst, den Zwilling zu verlieren und allein zu sein.

Ilonka ist eine hübsche Frau, die männliche Züge im Gesicht und manchmal ein männliches Gebaren hat. In der Körperzentrierten Herzensarbeit stößt sie auf Gefühle, die sie von ihrem im Mutterleib verstorbenen Bruder übernommen hat. Sie zögert erst, diese Gefühle an ihn zurückzugeben, weil sie Angst hat, dass er sie dann verlässt und sie allein zurückbleibt. Mein Argument, dass diese Gefühlsverklebung vielleicht auch ihren Bruder belastet und ihn daran hindert, seinen eigenen Weg zu gehen, hilft ihr. Sie öffnet ihr Herz für ihre Angst und gibt ihm seine Gefühle zurück.

Nach der Sitzung hat sich ihr Gesicht, wie die ganze Gruppe bemerkt, auffallend verändert, ist weicher und weiblicher geworden. Ilonka selbst merkt, dass sie Neuland betritt, und fühlt sich noch sehr labil und verletzlich, aber wohl.

Es erscheint seltsam, dass man Gefühle von einem Menschen übernommen haben soll, der bereits als Fötus verstorben ist: Die Sehnsucht nach Leben, die Trauer darüber, nicht leben zu dürfen, die Wut, der Zorn, die Ungerechtigkeit … Ganz offensichtlich haben wir auch im Mutterleib bereits Emotionen.

Emanuel ist schüchtern. Er geht Begegnungen mit anderen Menschen gerne aus dem Weg, außer mit Kindern, zu denen er leichter Kontakt findet. Aber auch bei ihnen hält er sich gerne auf Distanz. Er schaut ihnen gerne zu, lässt sie aber lieber in ihrer Welt in Ruhe.

Als er sich das Thema Schüchternheit mit Körperzentrierter Herzensarbeit anschaut, fällt ihm auf, dass er zwar einige der Gefühle – wie Scheu, Bedrohung und Angst – ins Herz nehmen kann und sich danach etwas freier fühlt; aber als er tiefer schaut, stößt er auf ein Gefühl, das ihm neu ist und das er nicht benennen kann. Es ist, als gehöre es ihm nicht. Nachdem er im Seminar mehrere Male versucht hat, dieses Gefühl zu erforschen, fragt man ihn, ob dieses unbekannte Gefühl überhaupt ihm gehört. Oder ob es seiner Mutter, seinem Vater, einem Bruder oder einer Schwester gehört. Bei dem Wort »Bruder« nimmt er ein leichtes Zucken wahr. Es stellt sich heraus, dass er bei seiner Geburt nicht alleine gewesen war, er hatte einen Zwillingsbruder, der jedoch bei der Geburt gestorben ist. Konnte dieses Gefühl seinem verstorbenen Zwilling gehören? Emanuel fällt es schwer, diese Frage zu beantworten; er hat seinen Bruder ja nicht gekannt.

In einer Intensivsitzung taucht eine Erinnerung an seine Zeit im Mutterleib auf. Er kann eine Gegenwart spüren und hat den Eindruck, dass es sein Zwillingsbruder ist. »Bekommst du mit, wie dein Bruder sich fühlt?«, fragte man ihn. Emanuel schweigt eine Weile und sagt dann: »Ich habe den Eindruck, dass er Angst hat. Angst, geboren werden zu müssen, Angst, der Welt begegnen zu müssen, Angst vor all dem Unbekannten, das auf ihn zukommen würde. So als ob es nicht die richtige Zeit wäre, um auf die Welt zu kommen.«

Die Sitzung bringt auf diese Weise ziemlich viele Gefühle hoch, die seinem Bruder gehören. Emanuel bittet seinen Bruder, diese Gefühle zurückzunehmen, fühlt sich bei dieser Bitte aber ziemlich schuldig.

Dennoch, in seiner inneren Vision nimmt sein Bruder diese Gefühle problemlos zurück.

Emanuel schaut dann noch einmal zurück auf den Moment, da er die Bitte um Rückgabe ausgesprochen und sich schuldig gefühlt hat. Ja, er kann deutlich ein Schuldgefühl wahrnehmen; schuldig einerseits, weil er gemeint hatte, seinen Bruder mit dieser Rückgabe zu belasten, und andererseits, weil er am Leben war und der Zwilling sterben musste.

Er kann sein Herz für diese Schuldgefühle öffnen, und danach gibt es einen Eindruck von Befreiung.

Emanuel verwandelte sich nicht von einem Tag auf den anderen in einen extravertierten und kontaktfreudigen Menschen, aber man konnte schon in seinen Augen sehen, dass er wesentlich präsenter war als vorher, und er beteiligte sich viel aktiver in der Gruppe.

Wichtig bei solchen Befreiungen von alten Gefühlsübernahmen: Man muss berücksichtigen, dass es auch auf der Gefühlsebene Gewohnheiten gibt. Gefühle sind ja immer mit einer dazugehörigen Denkweise verbunden, und Gedanken, die immer wieder gedacht werden – ob bewusst oder unbewusst –, bilden, wie wir aus der Gehirnforschung wissen, sichtbare und tastbare Schneisen im Gehirn, die sich bei jeder Wiederholung tiefer eingraben. So gesehen, ist eine Gefühlsgewohnheit auch eine körperliche Realität, und zwar nicht nur in Form einer Anspannung oder einer Veränderung des Energieverhaltens, sondern auch in durchaus greifbarer Form. (Daher ist es übrigens nicht so einfach, sich von einer Sucht zu befreien, solange man nicht konsequent und vollständig auf das Suchtmittel verzichtet; bei jeder erneuten Suchthandlung wird die betreffende Schneise im Gehirn wieder verstärkt.)

Daher: Wenn man ein fremdes Gefühl als fremd erkannt und zurückgegeben hat und sich befreit und erleichtert fühlt und alles mit anderen Augen sieht – die Automatik existiert trotzdem noch, die einen in das alte Fühl-Denk-Muster hineinzieht. Es braucht Zeit, um diese Gewohnheitsmuster bewusst und immer bewusster wahrzunehmen, bis sie völlig aufgehört haben, uns zu beherrschen.

Ein wenig Nacharbeit ist daher immer empfohlen. Sie besteht darin, bewusst wahrzunehmen, was geschieht, nachdem man das betreffende Gefühl zurückgegeben hat, und dem neuen (durch die Rückgabe entstandenen) Gefühl bewusst Aufmerksamkeit zu widmen.

Wie wir ganze Gefühlspakete von unseren Eltern übernehmen und uns damit unglücklich machen

Die Haltung, die unsere Eltern (oder die Menschen, die uns großgezogen haben) dem Leben, anderen Menschen, der Welt oder Gott gegenüber einnehmen, wirkt auf die meisten von uns prägend. Denn in den frühen Lebensjahren sind die Eltern für uns Gott. Sie sind diejenigen, die uns die Welt erklären, die uns sagen, was wir tun sollen, und die die Gesetze schaffen, nach denen wir uns richten müssen. Daher ist es zunächst einmal unbewusst selbstverständlich, dass ihre Haltung für uns die einzig mögliche ist. Wer in einer Großfamilie aufgewachsen ist, lernt früh, dass es auch noch andere mögliche Haltungen gibt; vielleicht gibt es einen rebellischen Großvater oder eine Tante, die aus der Art geschlagen ist. In der Kleinfamilie jedoch dauert es lange, bis wir merken, dass die Eltern nur Menschen sind und ihre Haltung nicht die einzig mögliche, vielleicht noch nicht einmal die klügste oder beste ist. Bis dahin akzeptieren und imitieren wir sie.

Aber manchmal gehen wir noch weiter und übernehmen sie vollständig samt den dazugehörigen Gefühlen. Die Gedanken und Gefühle von Vater und Mutter überdecken dann unsere eigenen – die auch existieren –, und wir leiden unter einer starken Einschränkung, von der wir uns nicht befreien können, ganz gleich was wir versuchen – bis wir die Verwechslung aufdecken und aufhören, uns mit den

Gedanken und Gefühlen zu identifizieren, die wir übernommen haben.

Aline wollte Balletttänzerin werden. Aber ihre Mutter meinte, das sei etwas, was nur für Kinder reicher Leute bestimmt sei, und nichts für ihresgleichen.

Als Erwachsene kommt Aline in vielen Bereichen ihres Lebens nicht richtig voran. Obwohl sie ein abgeschlossenes Universitätsstudium hat und hart arbeitet, bleibt beruflich der Erfolg aus. Es ist ihr klar, dass das auch damit zusammenhängt, dass sie nicht das tut, was sie wirklich tun will. Es ist, als ob in allem, was sie tut, die Kraft und die Lust fehlen. Wenn sie einmal neuartige Impulse bekommt, geraten die bald wieder in Vergessenheit, und sie bleibt im alten Trott.

Im Seminar schaut sie sich dieses Thema mit einer Kleingruppe an. Dabei sieht sie immer wieder das Bild ihrer verstorbenen Mutter auftauchen. Während sie sich mehr und mehr auf ihre Geschichte konzentriert, fängt sie an zu merken, dass in fast allem, was sie tun will oder tun wollte, die Stimme ihrer Mutter alles übertönt: »Du kannst das nicht, lass das doch sein.« »Das ist nichts für unseresgleichen.« Aline fängt an zu begreifen, dass ihre Mutter ihr auf diese Weise – wahrscheinlich ohne es zu wollen – eine regelrechte Gehirnwäsche verpasst hat. Ihr wird klar, dass sie bei allen Überlegungen und Entscheidungen, die ihr Leben betreffen, innerlich ihre Mutter einbezieht.

Sie denkt nun an eine solche Situation und beginnt, ihre Aufmerksamkeit in den Körper zu lenken. Nacheinander tauchen dabei verschiedene Gefühle auf: Unentschiedenheit, Gelähmtsein, Unsicherheit, Leere sowie mehrere Sehnsüchte: die Sehnsucht nach Veränderung; die Sehnsucht, Entscheidungen zu treffen; die Sehnsucht nach Befreiung vom zwingenden Einfluss der Mutter. Und schließlich die Angst, es nicht allein zu schaffen.

Sie schaut all diese Gefühle bewusst an und probiert die Herzensschlüssel, merkt aber, dass sie irgendwie nicht weiterkommt. Und außerdem sieht sie immer wieder ihre Mutter vor sich. Ihre Übungspartner in der Kleingruppe schlagen ihr vor, zu prüfen, ob diese Gefühle nicht ihrer Mutter gehören. Aline stellt sich ihre Mutter vor und fragt sie innerlich: Welche Gefühle sind es, die mich an dir festkleben lassen? »Wertlosigkeit und Schuldgefühl«, meint sie, ihre Mutter antworten zu hören. Aline meditiert tiefer und versucht, einen besseren Kontakt mit ihrer Mutter herzustellen. Sie hat den Eindruck, dass ihre Mutter ihr sagt: »Das sind meine Gefühle, die du übernommen hast. Ich habe mich immer wertlos gefühlt. Schon als Kind. Wir waren die armen Leute der Gegend, in der ich aufgewachsen bin. Für die reichen Mitschüler gingen immer alle Türen auf, und sie schauten auf uns herab.« Aline fällt jetzt ein, dass sie genau diese Worte als Kind oft gehört hat, zu der Zeit, als ihr Vater noch lebte und die Eltern sich unterhielten. Nun erkennt sie zum ersten Mal, dass sie sich da unbewusst eine Überzeugung zu eigen gemacht hat, die gar nicht ihrer eigenen Wahrheit entspricht. Die Gedanken ihrer Mutter – »Das ist nichts für unseresgleichen.« »Du kannst das nicht.« – hatten sie so sehr hypnotisiert, dass sie sie sich zu eigen gemacht und gar nicht gemerkt hatte, dass sie selbst ganz anders dachte. Sie selbst glaubte nämlich an sich und ihre Möglichkeiten, nur hatte dieser Glaube nie eine Chance gehabt, wahrgenommen zu werden, weil er unter der fremden Überzeugung begraben gewesen war. Nun kann sie diese Gedanken als »nicht zu ihr gehörig« erkennen und dadurch zurückweisen.

Auch kann sie ihrer Mutter nun problemlos die Wertlosigkeit und das Schuldgefühl zurückgeben, da ihr klar geworden ist, dass diese Gefühle nicht ihr gehören, sondern ihrer Mutter und sich auf deren Kindheitsgeschichte beziehen und nicht auf ihre eigene. Sie merkt auch, dass es diese Wertlosigkeit und dieses Schuldgefühl waren, die ihr die Kraft und die Lebensfreude geraubt hatten.

In den Tagen nach der Sitzung wirkt Aline wie aufgewacht. Ihr selbst fällt auf, dass sie präsenter ist als vorher. Sie nimmt sich vor, ganz bewusst auf die alten Gefühle von Unentschiedenheit und Unsicherheit zu achten, um sie bewusst zu bemerken, wenn sie wieder auftauchen, statt sich wieder mit ihnen zu identifizieren.

Verstrickt, verklebt, verwoben: wie Gefühlsübernahmen unsere Beziehungen verwirren

Nicht nur von Angehörigen unserer Herkunftsfamilie übernehmen wir Gefühle, sondern auch von unseren Lebenspartnern. Anstatt zu merken, dass es die Gefühle des Partners sind, identifizieren wir uns damit und projizieren sie zurück – was leider nicht denselben wohltuenden Effekt hat wie eine bewusste Rückgabe.

Esther: Mein Mann hat eine Angewohnheit, die mich schrecklich stört. Er belegt Menschen, die etwas getan haben, was ihm nicht gefällt, mit in meinen Ohren sehr hässlichen Schimpfwörtern, wenn er über sie spricht. Es klingt für mich immer so, als ob er den ganzen Menschen in Grund und Boden verdamme und verurteile wegen einer Handlung. Obwohl ich meinen Mann sehr liebe, lehne ich ihn in solchen Momenten regelrecht ab.

In einer Herzensarbeits-Sitzung versuche ich meine Ablehnung bewusst als Gefühl wahrzunehmen und mein Herz für sie zu öffnen, aber es gelingt mir nicht recht, ich bleibe damit identifiziert und reagiere auch nachher immer wieder auf die gleiche Weise. Schließlich kommt mir die Idee, die Ablehnung, die ich fühle, könne die seine sein und nicht meine. Als mir das klar geworden ist, öffnet sich mein Herz für diese – seine – Ablehnung, ich habe plötzlich Verständnis dafür. Ich kann den Schmerz fühlen, aus dem heraus er so schimpft. Wenn er jetzt wieder auf jemanden schimpft, rege ich mich nicht mehr auf und fühle mich auch nicht mehr schlecht. Es hat nichts mehr mit mir zu tun.

Bei näherem Hinschauen entpuppte sich diese Geschichte übrigens als doppelte Gefühlsübernahme:

Esther: Ich erzählte ihm von meiner Entdeckung, und mein Mann schaute sich daraufhin seinerseits das Thema mit der Ablehnung an, die er bestimmten Personen entgegenbrachte. Dabei stellte sich heraus, dass dies auch gar nicht sein Gefühl war, sondern die betreffenden Personen empfanden ihm gegenüber Ablehnung, und er hatte dieses Gefühl nur aufgefangen und sich seinerseits damit identifiziert. Wir waren beide sehr erleichtert, als er ihnen ihre Ablehnung zurückgeben konnte.

Nun regt er sich nicht mehr so sehr auf über diese Leute, und ich muss ihn nicht mehr ablehnen, sondern habe viel mehr Verständnis für ihn.

So reagieren wir auf Ablehnung mit Gegenablehnung, auf Ärger mit Gegenärger, anstatt zu merken, dass wir die Ablehnung oder den Ärger des anderen fühlen. Dies kann als untauglicher Versuch betrachtet werden, das unliebsame Gefühl zum Absender zurückzuschicken. Leider verringert es sich dadurch nicht, wie bei der bewussten Rückgabe, sondern verstärkt sich und erzeugt neue Verwicklungen.

Natalia schreibt: Ich bin mit einem wunderbaren Mann verheiratet. Etwas jedoch stört mich an ihm, nämlich dass er sich andauernd über irgendetwas ärgert. Irgendwie ärgert mich das. Immer wenn er sich ärgert, kann ich nicht anders, als mich über ihn zu ärgern. Ich will das überhaupt nicht. Ich würde viel lieber Verständnis haben. Mein Mann fühlt sich dann wahrscheinlich überhaupt nicht verstanden mit seinem Problem, sondern abgelehnt.

Aber dieser Ärger ist stärker als ich, er überfällt mich in solchen Momenten mit Macht, und ich kann nicht anders, als mich ärgerlich zu verhalten. So bürde ich ihm, der sowieso schon an seinem Ärger leidet, noch meinen dazu auf, und wenn wir nicht beide die Herzensarbeit hätten, gäbe das manchmal ziemliche Dramen. (Die gibt es so auch, aber nur für eine kurze Weile, bis jeder sich seine Gefühle angeschaut hat und die Herzen wieder offen sind.)

Gott sei Dank fällt eines Tages der Groschen, und ich begreife, was eigentlich wirklich los ist. Eigentlich, wird mir klar, ärgere ich mich gar nicht, sondern ich fühle seinen Ärger. Statt das aber zu merken, identifiziere ich mich mit dem Gefühl und kleide es mit meinen eigenen Gedanken aus. Ich habe es ihm auf die falsche Weise zurückgegeben. Nun geb ich es ihm richtig zurück – indem ich einfach erkenne, dass das Gefühl zu ihm gehört statt zu mir –, und auf einmal ist mein Herz offen, und das Verständnis, das ich immer so gerne gehabt hätte, ist auf ganz natürliche Weise da.

Es geschieht oft, dass wir das Gefühl eines anderen Menschen auffangen und auf diese Weise auf ihn zurückprojizieren – nicht nur im Bereich der negativen, sondern manchmal auch der positiven Gefühle.

Ein Mensch, der voller Liebe ist, weckt oft auch Liebe in uns; allerdings, während seine Liebe vielleicht gar nicht so sehr an eine bestimmte Person gebunden ist, projizieren wir die Liebe, die wir von ihm übernommen haben, nun auf ihn und meinen, ihn zu lieben. Solche Gefühlsverwechslungen kommen oft in spirituellen Kreisen vor.

> Sylvia: Als junge Frau war ich unsterblich in einen Mann verliebt, der sehr spirituell war, so spirituell, dass er meinte, persönliche Beziehungen seien seiner geistigen Entwicklung abträglich. Er war mit einer großen Hingabe auf dem Weg und sehr offen und engagiert gegenüber jedem Menschen, auch mir gegenüber, nur wollte er sich eben auf keine enge Beziehung einlassen.
>
> Nach einem sehr intensiven und tief gehenden Gespräch, in dem wir uns sehr gut verstanden, war ich einmal in einen Zustand von allumfassender Liebe eingetaucht; ein Zustand, der drei Tage dauerte und alles und jeden ohne Unterschied einschloss.
>
> Ich dachte mir damals, dieser Mensch muss so viel Liebe in sich haben, dass sein Zustand mich angesteckt hat. Was mir erst heute klar geworden ist, ist, dass auch die – riesengroße und bedingungslose – Liebe, die ich ihm entgegenbrachte, in Wirklichkeit seine war, jedoch galt sie nicht mir im Besonderen, sondern jedem. Ich

hatte sie unbewusst aufgefangen, mich damit identifiziert und sie auf ihn projiziert.

Da genau diese bedingungslose Liebe das Ideal war, nach dem ich strebte, konnte ich ihm nun nach dieser (um Jahrzehnte verspäteten) Erkenntnis sozusagen rückwirkend seine Liebe zurückgeben, und mein eigenes Gefühl, das dabei zutage trat, war Dankbarkeit: dafür, dass ich durch ihn diesen Zustand hatte kennenlernen dürfen.

In unseren Paarbeziehungen herrscht oft ein regelrechtes Gefühls-Kuddelmuddel. Die Frau hat Gefühle ihres Mannes übernommen, der Mann Gefühle seiner Frau, und beide haben zudem Gefühle von Vater oder Mutter oder womöglich von beiden Eltern in sich oder von Großeltern, Tanten oder Geschwistern. Bei solch einem Wirrwarr ist die echte Beziehung, die zwischen den beiden Partnern besteht, völlig verzerrt und überlagert durch die diversen Gefühlsübernahmen.

Um in einer Beziehung seine Wahrheit leben und zu einer echten Beziehung zum Partner finden zu können, muss das Herz befreit werden von allem, was nicht zu ihm gehört.

Frauke: Das mit dem Zurückgeben habe ich nach dem Seminar gleich ausprobiert. Unglaublich, wie viele von meinen Gefühlen anderen Menschen gehören! Ich habe in einer langjährigen Beziehung mit dem Vater meiner Tochter so viel an ihn zurückgeben können, von dem ich dachte, es sei meins! Ich kann schon feststellen, dass sich einiges zwischen uns ändert seitdem. Ich bin noch dabei, es zu beobachten.

Die erste Gefühlsübernahme kann schon ganz am Anfang einer Beziehung geschehen und den weiteren Verlauf der Beziehung auf manchmal tragische Weise bestimmen.

Ralf und Annie lernen sich bei einem Songfestival kennen. Ralf ist auf Anhieb von Annie bezaubert und lädt sie ein, nachher etwas trinken zu gehen. Annie geht eher zögerlich darauf ein, lässt sich aber von seinem Charme überzeugen. Sie übergeht ihr eigenes Gefühl, die Vorsicht, und lässt sich sehr schnell zu einer Beziehung verführen. Sie meint, dass sie in Ralf verliebt ist, ebenso wie er in sie. Aber in Wirklichkeit hat sie einfach seine Verliebtheit gefühlt, ohne zu wissen, dass es seine war. Sie hat gedacht, es sei ihre. Ihr eigenes, wahres Gefühl ihm gegenüber war wesentlich neutraler. Sie fand ihn ganz nett, hatte aber ein Gefühl von Vorsicht und Zurückhaltung. In der Beziehung mit Ralf, die einige Monate dauert, fühlt sie sich nicht wohl, ohne zu verstehen, warum das so ist. Sie überredet sich immer wieder, glücklich zu sein. Schließlich sieht Ralf sehr gut aus, ist charmant und witzig und wird auch von ihren Freundinnen bewundert. Eines Tages verliebt sich Ralf in eine andere Frau. Annie ist unglücklich, als sie es erfährt, aber weniger deshalb, weil sie an Ralf hängt und eifersüchtig ist, sondern vielmehr, weil sie sich zu dieser Beziehung hat überreden lassen, die für sie in Wirklichkeit nicht gepasst hat.

Warum hatte Annie gleich zu Anfang Ralfs Verliebtheit übernommen?

Annie hatte ein starkes Bedürfnis danach, geliebt zu werden, und eine große Angst vor Verlust. Daher zog sie es unbewusst vor, Ralfs Gefühl zu übernehmen, als dieses köstliche, Liebe versprechende Angebot auszuschlagen und das schöne Gefühl wieder zu verlieren.

Partner übernehmen nicht nur Gefühle voneinander, sondern bürden einander auch welche auf. Allerdings, wie schon gesagt, hat jemand, der sich etwas aufbürden lässt, immer einen Grund dafür, und dieser Grund besteht in einem eigenen Gefühl. Verlustangst, wie im obigen Beispiel, oder Schuldgefühl sind zwei der häufigsten Gründe, warum wir uns etwas aufbürden lassen. Oder der Wunsch, geliebt zu werden.

Eines der Gefühle, mit denen wir unsere Liebsten gerne belasten, ist Sorge.

Esther: Beim gemeinsamen Spazierengehen mit meinem Mann merke ich, dass mir dauernd Bilder durch den Kopf schießen, wie ich hinfalle, stolpere, von Schwäche übermannt werde oder einen Herzanfall bekomme. Mir fällt auf, dass das oft so ist. Ich frage mich, ob ich irgendeinen perversen Reiz darin sehe. Mir fällt die Sache mit dem Zurückgeben fremder Gefühle ein, und da frage ich mich, ob ich vielleicht die Sorge und Angst meines Mannes aufgefangen habe und deshalb diese Bilder in meinem Kopf herumspuken. Es sieht mir doch überhaupt nicht ähnlich, mich in dieser Weise um mich selbst zu sorgen, als sei ich eine alte Frau. (Das bin ich zwar an Jahren, aber ich fühle mich nicht so, ich bin immer noch mit meinem jüngeren Ich identifiziert.) Ich probiere es also mit Zurückgeben. Und, richtig, da kehrt mein altes Selbstgefühl zurück, in dem solche Bilder überhaupt nicht vorkommen. Da fühle ich mich eher sorglos und draufgängerisch.

Mir wird klar, dass wir einander gegenseitig entsetzlich belasten durch unsere Angst und Sorge umeinander. Wir sind beide schon schwer krank und dem Tode nahe gewesen, da ist es ganz natürlich, dass wir uns umeinander sorgen. Jedoch habe ich gerade eben die schwächende Wirkung dieser Sorge am eigenen Leibe wahrgenommen! Ist mein eigenes Selbstgefühl das einer sportlichen, sorglosen, etwas draufgängerischen Mittvierzigerin, so entspricht das Bild, das durch die auf mich projizierte Sorge entstanden war, dem einer wackligen Seniorin.

Das hat mir einen gehörigen Schreck versetzt und mir klargemacht, dass ich mit meinem ständigen Sorgen schwächende Bilder in den Geist dieses Mannes projiziere und ihn damit zusätzlich gefährde. Ich nehme mir vor, meine Sorge zu mir zurückzunehmen, indem ich sie bewusster als Gefühl wahrnehme, statt ihr den Charakter einer Tatsache zu verleihen.

Warum hat Esther zugelassen, dass die Angst und die Sorge ihres Mannes sich in ihrem Gemüt einnisten, anstatt bei ihrem eigenen Gefühl von Vertrauen und Sorglosigkeit zu bleiben?

> Esther: Beim Zurückgeben der Sorge an meinen Mann merkte ich, dass ich es vermissen würde, wenn er sich nicht mehr um mich sorgt. So gern ich ihn frei von Sorge sähe, sosehr tut es mir aber auch gut, seine Sorge zu spüren. Das gibt mir das Gefühl, geliebt zu werden. Ich weiß, dass ich geliebt werde, aber ich kann es nicht fühlen, es sei denn, ich fühle seine Sorge.
>
> Wahrscheinlich habe ich aus Angst, dieses Gefühl zu verlieren, seine Sorge übernommen und mich mit seiner Art, mich als ein gefährdetes, zu beschützendes Wesen zu sehen, identifiziert.

Oft aber projizieren wir auf unseren Partner Gefühle, die mit ihm/ihr überhaupt nichts zu tun haben – die wir in unserer Kindheit von Familienangehörigen übernommen haben. Wie Anke, die die Sorge ihrer Großmutter übernommen hat und diese nun auf ihren kranken Freund projiziert. Diese Geschichte wird später noch erzählt.

Oder wie Judith, die ihren Mann mit Samthandschuhen anfasst:

> Judith: Mir fiel auf, dass ich meinem Mann gegenüber eine gewisse Scheu an den Tag legte, so als müsse man ihn mit Samthandschuhen anfassen bzw. als sei er eine Autoritätsperson. Ich konnte tun, was ich wollte, diese Scheu verließ mich nie.

Eines Tages kam mir in den Sinn, dass diese Scheu eigentlich gar nicht ihm galt, sondern meinem Vater. Ich hatte die Scheu vor meinem Vater bis zu seinem Tod nie überwunden. Selbst als ich in einer Firma tätig war, für die er als freier Mitarbeiter Werbetexte schrieb, die ich dann korrigieren sollte, empfand ich immer noch Furcht und Scheu, als sei es ein Sakrileg, Texte meines Vaters verbessern zu wollen.

Ich hatte diese Scheu immer für mein eigenes und verständliches Gefühl gehalten. Immerhin war mein Vater mit einer großen natürlichen Autorität gesegnet und eine eindrucksvolle Persönlichkeit, nicht nur für mich als Tochter, sondern für sein gesamtes Umfeld.

Jetzt aber, als ich über diese Sache nachdachte, kam mir in Erinnerung, dass mein Vater große Schwierigkeiten im Umgang mit und im Zeigen von Gefühlen hatte. Begrüßungen nach längerer Trennung fielen meist unterkühlt aus, obwohl er sich ganz sicher über das Wiedersehen freute.

Da kam mir die Idee, dass diese Scheu vielleicht gar nicht meine, sondern seine war, die ich unbewusst gefühlt und für meine eigene gehalten hatte! Und die übertrug ich nun auf die Beziehung zu meinem Mann. Auch in ihm erkannte ich übrigens nun eine gewisse, ihm eigene Scheu, die ich ebenfalls gefühlt und für meine gehalten hatte. Nachdem ich diese Zusammenhänge erkannt und die Scheu sozusagen dorthin zurückgegeben hatte, wohin sie gehörte (zu meinem Vater und zu meinem Mann), konnte ich unbefangener mit meinem Mann umgehen.

Warum wir Gefühle von anderen übernehmen

Wie kommt es, dass wir Gefühle anderer übernehmen und uns von ihnen beherrschen lassen, als seien es unsere eigenen? Eine Erklärung liegt vielleicht darin, dass manche Menschen sehr empfänglich sind für innere Eindrücke. Prentice Mulford weist darauf hin, dass man sich »positiv« machen solle, um sich vor der Übernahme fremder Bewusstseinsinhalte zu schützen. Das hat nichts zu tun mit positivem Denken, sondern bezeichnet einen Energiezustand. Man kann »positiv«, also aktiv und ausstrahlend sein, oder »negativ«, also aufnehmend, empfänglich, passiv. Wenn ich positiv bin, präge ich alles um mich herum mit meiner Atmosphäre; wenn ich negativ bin, nehme ich die Atmosphäre meines Umfeldes auf wie ein Schwamm. Menschen, die die Gewohnheit haben, in diesem Sinne negativ zu sein – also eher rezeptive und passive Menschen –, übernehmen wahrscheinlich öfter die Gefühle anderer als Menschen, die mehr positiv gepolt sind.

Manche Menschen haben auch besonders feine Sensoren für die Gefühle ihrer Mitmenschen. Manchmal ist dies einfach eine Art medialer Begabung. Oft jedoch stecken psychologische Gründe dahinter, wenn jemand alles mitbekommt, was in anderen vorgeht. Wenn ich als Kind verlassen worden bin, habe ich die Tendenz, mich an meine späteren Bezugspersonen und Lebenspartner zu heften, damit sie mir nicht weglaufen können; und wenn ich dies nicht durch mein äußeres Verhalten tue, dann tue ich es innerlich, indem ich mit einem Teil meiner Aufmerksamkeit ständig beim anderen bin und zu sondieren versuche, was in ihm oder ihr vorgeht (um einem erneuten Verlassenwerden vorbeugen zu können). Ich entwickle dann ganz feine Antennen für die Gefühle meiner Mitmenschen und empfinde die Gefühlsregungen der anderen deutlicher als meine eigenen (weil ich mehr mit der Aufmerksamkeit bei ihnen bin als bei mir).

Ähnliches gilt für Menschen, die unter dem Grundschmerz des Verrats leiden: Sie entwickeln einen feinen Radar für das, was in anderen vorgeht, insbesondere wenn es »hinter ihrem Rücken« geschieht, um mitzubekommen, wenn ein Betrug oder Verrat sich anbahnt. Andere wiederum saugen die Gefühle anderer in sich auf, als seien sie ein Schwamm, und zwar am liebsten die negativen, weil sie sich grundsätzlich schlecht, schuldig oder verantwortlich fühlen.

Manche Menschen sind vielleicht übermäßig sensibel für die Gefühle anderer, weil ein Trauma ihren Schutzmechanismus zerbrochen hat. Oder weil sie Drogen genommen haben.

Vielleicht gibt es auch eine Feinfühligkeit, die zu einer höheren Entwicklungsstufe gehört.

Wie auch immer: Menschen, die diese besonders feinen Sensoren für die Gefühle anderer, aber keine geschärfte Bewusstheit haben, neigen dazu, fremde Gefühle zu fühlen (ohne es zu wissen) statt die eigenen.

Aber unabhängig davon, wie hoch die jeweilige Sensibilität ist: Durch meine Beobachtungen bin ich zu der Schlussfolgerung gelangt, dass fast immer psychologische Gründe dahinterstecken, wenn wir ein fremdes Gefühl übernehmen. Wir übernehmen es aus einem eigenen Gefühl heraus. Dieses eigene Gefühl ist uns ebenso wenig bewusst wie das fremde, übernommene Gefühl.

In Wirklichkeit beherrscht uns nicht das fremde Gefühl, sondern das eigene, aus dem heraus wir das fremde übernommen haben. Man muss nur genau genug hinschauen, um dieses eigene Gefühl zu finden.

Ich hatte beispielsweise das ganze Gefühlsdrama meiner Mutter in mir, aus dem immer wieder einzelne Bestandteile in mein Bewusstsein traten, wenn sie durch irgendeinen Vorfall ausgelöst wurden.

Mir passierte es oft, dass ich völlig grundlos übermannt wurde von der Angst, verlassen zu werden. Eines Tages entdeckte ich, dass dieses Gefühl zum Großteil meiner Mutter gehörte, die tatsächlich verlassen worden war und daran zerbrochen ist. Immer wenn ich nun Angst hatte, verlassen zu werden, und von all den verschiedenen Gefühlen, die gleichzeitig auftauchten (zum Beispiel Panik, das Gefühl, es nicht aushalten zu können, verrückt zu werden), übermannt wurde, dann erinnerte ich mich an das Drama meiner Mutter.

Ich benannte und fühlte die Gefühle, die mir in dem Moment bewusst waren, rief innerlich meine Mutter und sagte zu ihr: »Das sind deine Gefühle. Ich gebe sie dir zurück. Ich habe mich versehentlich damit identifiziert.« Dann wurde es mir leichter, und es fiel mir leichter, die Emotionen, die dann noch da waren, mit der richtigen Bewusstheit wahrzunehmen und in meinem Herzen zu versorgen. Das Drama, das an Wahnsinn Grenzende war jedes Mal schlagartig vorbei.

Welches war nun der Grund, aus dem heraus ich diese und so viele andere Gefühle von ihr übernommen und als meine eigenen betrachtet hatte?

Erst dachte ich, es sei ganz natürlich, dass ich das ganze Gefühlspaket meiner Mutter übernommen hatte, denn durch ihren frühen Weggang habe ich ja nie die Gelegenheit gehabt, mich innerlich von ihr abzunabeln. Im Alter von einem Jahr konnte ich mir noch nicht dessen bewusst sein, dass ich ein eigenes Wesen war. Ich blieb in der Symbiose. Jedoch, wie ich später entdeckte, hatte dies auch einen psychologischen Grund. Ich wollte darin verbleiben, um sie nicht völlig zu verlieren. Das trat zutage, als ich mir einmal vorstellte, ihr ihr ganzes Gefühlspaket vollständig zurückzugeben.

Auch von meinem Vater habe ich einiges übernommen, unter anderem ein Schuldgefühl, das sich auf den Selbstmord meiner Mutter bezog.

Was das Schuldgefühl anbelangt, das ich von meinem Vater übernommen hatte, so fand ich heraus, dass ich mich damit identifiziert hatte, um mit ihm zu sein, sozusagen an seiner Seite. Letztlich also aus dem gleichen Grund: um ihn nicht zu verlieren. Aus Angst.

Dies sind meiner Erfahrung nach die häufigsten Gründe, aus denen heraus wir Gefühle von nahen Angehörigen übernehmen:

- Angst, die Person zu verlieren beziehungsweise verlassen zu werden
- Angst, allein zu sein
- der Wunsch, geliebt zu werden (gekoppelt mit der Idee, nützlich sein zu müssen, um geliebt zu werden)
- Schuldgefühl (oder Verantwortungsgefühl, was so ähnlich ist)
- der Wunsch, zu helfen
- Mitleid
- Liebe

Sie erinnern sich vielleicht an die Geschichte von Wolfgang, die ich in einem früheren Kapitel erzählt habe. Wolfgang hatte Gefühle von seinem Vater übernommen, die mit Erfolglosigkeit zu tun hatten. Warum hatte er sich das aufgebürdet? Einfach unbewusst automatisch, weil das eben normal ist – oder gab es dafür einen inneren Grund?

Wolfgang: Zunächst hielt ich es für normal, dass ich mir die Überzeugungen und Gefühle meines Vaters angeeignet hatte. Ein Kind übernimmt das eben von seinen Eltern, weil es ja keine anderen Denk- und Fühlmodelle kennt. Aber in dem Moment, da ich ihm die Gefühle zurückgab, merkte ich, dass es einen Grund gab, warum ich sie übernommen hatte. Es gab da eine Art Mitleid in mir. Unbewusst hatte ich immer wahrgenommen, wie mein Vater unter der in seiner Familie herrschenden Kleinlichkeit und Engherzigkeit litt, und er hatte mir leidgetan. Ich merkte, dass ich aus diesem Mitleid heraus sein Schicksal geteilt hatte, damit er nicht allein war.

Manchmal ist es eher einfach eine Gefühlsgewohnheit, die dahintersteckt, dass ein Mensch Emotionen übernimmt. Jedoch wenn man eine solche Gewohnheit näher untersucht, wird man auch dahinter im Allgemeinen einen eigenen Grund entdecken. Ein verdrängtes Gefühl.

Dieter: Ich war als Kind immer der Sündenbock. Wenn meine Eltern oder meine Geschwister sich über irgendetwas geärgert hatten, war ich derjenige, an dem sie ihren Ärger abreagierten. Irgendwie fühlte ich mich dann verpflichtet, ihre Gefühle zu übernehmen. Diese Gewohnheit habe ich beibehalten. Als ich mir das einmal angeschaut habe, fand ich heraus, dass hinter dieser Gewohnheit mein Schuldgefühl steckte. Durch dieses Schuldgefühl meinte ich, für die Gefühle der anderen verantwortlich zu sein, und dachte, ich müsse sie auf mich nehmen.

Wie findet man heraus, warum man ein Gefühl übernommen hat?

Wenn wir Gefühle von anderen übernehmen und uns davon beherrschen lassen, hat das immer einen Grund in uns selbst. Wie ich schon sagte: In Wirklichkeit beherrscht uns nicht das fremde Gefühl, sondern das eigene, aus dem heraus wir das fremde übernommen haben. Vielleicht schafft unser Geist uns Situationen, in denen wir auf dieses Gefühl aufmerksam werden, damit unser Körper davon befreit wird und das Gefühl dorthin kommt, wo es hingehört – in unser Herz.

Wie findet man dieses eigene Gefühl?

Man kann sich selbst einfach befragen. Warum habe ich dieses fremde Gefühl übernommen? Und darüber nachdenken. Nachdenken ist jedoch kein geeigneter Weg, um sich der Gefühle bewusst zu werden, die man verdrängt hat, da sie sich ja außerhalb des Lichtkreises des Bewusstseins befinden. Es gibt einen einfachen Weg, der direkt zu Ergebnissen führt. Man stellt sich vor, das Gefühl an seinen Eigner zurückzugeben, und achtet darauf, wie man sich dabei fühlt.

Klaus fühlt sich in bestimmten Situationen, wie sie vor allem in seiner Ehe auftauchen, ohnmächtig. Wenn seine Frau, die eine sehr tatkräftige und energische Person ist, etwas in die Wege leitet, womit er nicht einverstanden ist, so ist er nicht in der Lage, sie zu bremsen oder zumindest seine Meinung zu sagen. Er fühlt sich ohnmächtig, und diese Ohnmacht übermannt ihn einfach, ohne dass er irgendetwas dagegen tun kann. Bei der Herzensarbeit entdeckt er, dass diese Ohnmacht ein Gefühl ist, das er von seinem Vater übernommen hat. Auch sein Vater hatte sich in bestimmten familiären Situationen wie jemand verhalten, der keinerlei Macht hat. Als es ans Zurückgeben geht, beobachtet Klaus, dass er dieses Gefühl nicht einfach zurückgibt, sondern es seinem Vater vor die Füße wirft.

Auf diese Weise entdeckt Klaus, dass es eine große Wut in ihm gibt. Er ist wütend auf das hilflose Verhalten seines Vaters. Auf die Wut folgt jedoch ein Schuldgefühl: Nun würde er die wütende Geste und das Ohnmachtsgefühl am liebsten zurücknehmen.

Bei dem Versuch, sein Herz für seine Wut zu öffnen, merkt Klaus, dass auch die Wut eigentlich seinem Vater gehört. Das Schuldgefühl schließlich, stellt sich heraus, ist sein eigenes.

Nun kann sich Klaus einen Reim darauf machen, was in Wirklichkeit passiert war: Sein Vater war wütend auf seine Mutter, weil sie sich immer durchsetzte und er dagegen ohnmächtig war. Klaus hatte sowohl die Wut als auch die Ohnmacht seines Vaters gespürt und sich damit identifiziert. Es geschah aus einer Art Loyalität heraus. Hätte er das nicht getan, hätte er sich als Verräter gefühlt – schuldig.

Die Loyalität und die Angst, sich schuldig zu fühlen, waren die Gründe, aus denen heraus Klaus die Gefühle seines Vaters übernommen hatte.

Bei der Herzensarbeit begnügt man sich oft damit, ein Gefühl, das man als fremd erkannt hat, zurückzugeben, ohne den Grund herauszufinden, warum man es übernommen hat. Im Allgemeinen ist die Erleichterung nach erfolgter Rückgabe so groß und man fühlt sich so angenehm befreit, dass man keine Lust hat, weiterzuforschen. In solchen Fällen halte ich nicht zwanghaft Ausschau nach dem Gefühl, das der Grund für die Übernahme war, sondern gebe erst einmal dem guten neuen Gefühl Raum.

Ich vermute jedoch, dass es immer einen Grund für die Übernahme des Fremdgefühls gibt, und nehme daher an, dass die Sache mit der einfachen Rückgabe nicht ganz erledigt ist. Das eigene Gefühl, aus dem heraus man das fremde übernommen hat, beherrscht einen ja weiterhin, solange es nicht ans Licht gekommen ist. Von daher empfehle ich jedem, der das Zurückgeben praktiziert, gleich oder später noch einen Schritt weiterzugehen und den inneren Grund der Übernahme ins Bewusstsein zu befördern.

Geben Sie das fremde Gefühl an den Eigner zurück und achten Sie auf die eigenen Gefühle, die dabei ins Bewusstsein treten. Genauer erläutere ich das Vorgehen im Technik-Teil dieses Buches.

Wenn uns fremde Gefühle aufgebürdet werden

Oft stoßen wir in der Herzensarbeit auf Gefühle, die den Menschen in ihrer Kindheit von ihren Bezugspersonen regelrecht aufgezwungen wurden.

Beate neigte dazu, sich ständig zu viel Verantwortung aufzuladen, und war noch nie in ihrem Leben richtig glücklich gewesen. Sie sehnte sich nach Leichtigkeit und beneidete Menschen, die, wie sie es ausdrückte, »einfach leben durften«. Sie war die einzige Tochter einer immer leidenden Mutter gewesen, die es nicht aushalten konnte, wenn es ihrer Tochter gut ging. Beate hatte den Eindruck, sich schuldig zu machen, wenn sie fröhlich war; ihre Mutter vermittelte ihr den Eindruck, sie sei verpflichtet, ihr Leid mitzutragen. So hatte Beate sich daran gewöhnt, zu leiden.

Beispiele wie dieses sind mir oft begegnet. Kinder werden verpflichtet, dieses oder jenes Gefühl an den Tag zu legen, weil die Eltern ihnen den Eindruck vermitteln, sonst schlechte Kinder zu sein. Aber nicht jedes Kind lässt sich das gefallen. Manche rebellieren dagegen. Andere lassen sich die fremde Last brav aufbürden. Dafür gibt es wahrscheinlich immer einen eigenen Grund.

Beate fand heraus, dass sie sich schuldig fühlte, wenn es ihr gut ging. Obwohl sie erkannte, dass das die

Einstellung ihrer Mutter war und nicht ihre eigene, konnte sie sich nicht davon distanzieren. Es tauchte dabei immer der Gedanke auf, rücksichtslos, egoistisch, schlecht zu sein. Schließlich untersuchte Beate die Sache genauer. Sie fand heraus, dass der eigentliche Grund für die Übernahme der mütterlichen Gedanken und Gefühle ihre Angst vor Trennung war. Wenn die Mutter litt und sie selbst glücklich war, so hatte sie als Kind unbewusst gedacht, dann wären sie voneinander getrennt.

Erst mit dieser Erkenntnis und nachdem sie ihr Herz für die kindliche Angst vor Trennung geöffnet hatte, gelang es ihr, die von ihrer Mutter auf sie projizierten Gefühle und Gedanken von Schuld und Schlechtigkeit zurückzugeben.

Manchmal werden uns Gefühle von einem Elternteil aufgebürdet, der uns eigentlich liebt und uns beileibe nichts Böses will.

Beatrice: Ich litt in meinen Beziehungen an Gefühlen von Unfreiheit und Verstricktsein beziehungsweise dem Eindruck, in etwas verstrickt zu werden. Dabei tauchte oft ein bestimmtes wiederkehrendes Bild auf: kleine Hände, die mich von hinten an der Hüfte festhielten und mich immer irgendwie bremsten. Mit diesem Bild verbunden war ein Gefühl, unfrei, blockiert zu sein.

Dazu tauchten immer diese beiden Sätze auf: Lass mich nicht allein, geh nicht weg.

Mit der Körperzentrierten Herzensarbeit habe ich es angeschaut. Da gab es in meinem unteren Rücken, an der Stelle, wo diese Hände zogen, einen Druck. Als ich mich in diese Empfindung vertiefte, wurde aus diesem Druck eine undefinierbare Energie in Form einer »Fruchtblase« mit heller, durchlässiger Oberfläche. Ich verstand, dass dies ein Bild war für die Symbiose, und zwar für die Symbiose, in der meine Mutter mich festzuhalten versuchte. Ich erkannte, dass es eigentlich das innere Kind meiner Mutter war, das versuchte, diese Symbiose zu halten. Daher das Bild der kleinen Hände.

Ich gab ihr das Gefühl von Symbiose zurück.

Mein eigenes Gefühl, das dabei auftauchte, war eine Sehnsucht nach Leichtigkeit.

Seit dieser Sitzung fühle ich mich innerlich befreiter und leichter und, was mein Beziehungsmuster betrifft, auch klarer.

Nicht immer nur von den eigenen Eltern, manchmal auch von anderen, an unserer Erziehung beteiligten Personen können uns Gefühle aufgebürdet worden sein.

Ellen war zwei Jahre alt, als ihr Vater starb. Es war für ihre Mutter eine schwere Zeit, sie musste sich um ihren Beruf und um ihr kleines Kind kümmern. Da alle Angehörigen weit entfernt wohnten und Ellen nicht alleine bleiben konnte, gab sie Ellen schließlich in einen Tageskindergarten, und nachmittags wurde das Kind von einer Nachbarin abgeholt, einer alleinstehenden alten Dame. Diese Phase dauerte drei bis vier Jahre, und in dieser Zeit entwickelte sich in Ellen das Gefühl, alleingelassen worden zu sein.

Im Erwachsenenalter fühlt sie sich in ihren Paarbeziehungen auch oft alleingelassen. In einer Herzensarbeit schaut sie sich die Gefühle an, die mit diesem Thema zusammengehören. Sie entdeckt Hoffnungslosigkeit, Aussichtslosigkeit und Sehnsucht – und das Gefühl von Verlassensein. Dieses fühlt sich etwas klebrig an. Obwohl es aufgrund ihrer Kindheitsgeschichte ein plausibles Gefühl ist, hat sie den Eindruck, dass es jemand anderem gehört. Sie denkt an ihre Mutter – natürlich, ihre Mutter hat sich von ihrem Vater verlassen gefühlt, als der starb. Andererseits klingt dieses Gefühl auch an, wenn sie an ihren Vater denkt; auch er hat es in sich getragen, denn er war ein Waisenkind gewesen. Sie gibt also das Gefühl von Verlassensein an Vater und Mutter zurück. Dennoch bleibt es immer noch unverändert klebrig.

Bis ihr die alte Nachbarin einfällt, die sich um sie gekümmert hatte, als sie klein war. Erinnerungen an diese Zeit tauchen auf. Diese Frau hatte sie in übertriebener Weise bemuttert und Ellen jeden Tag eingeredet, wie schlimm es war, dass sie von Vater und Mutter alleingelassen worden war. Die Zeit bei dieser Frau hat Ellen ziemlich geprägt, wie sie jetzt erkennt. Sie merkt nun, dass die alte Dame sich in Wirklichkeit selbst verlassen gefühlt und dieses Gefühl in Ellen hineinprojiziert hatte! Bei der Rückgabe des Gefühls an die alte Dame empfindet Ellen eine Erleichterung, als würde eine Bürde von ihr abfallen. Sie hat selbst keine visuelle Erinnerung an diese Frau, aber sie kann sich an Fotos von ihr erinnern, die ihre Mutter gemacht hatte. Das hilft ihr, geistig mit ihr Kontakt aufzunehmen.

Beim Zurückgeben gewinnt sie den Eindruck, dass es dieser Frau sehr leidtut, dass sie Ellen diese Bürde weitergegeben hat. Sie hatte es damals gut gemeint, sie wollte auf ihre Weise Ellens Schicksal lindern helfen. Für sie waren die Jahre, in denen Ellen bei ihr war, eine Befreiung von ihrem trüben und einsamen Schicksal gewesen.

Ellen nimmt Abschied von dieser – trotz allem – lieben Dame, die schon längst verstorben ist. In ihrer inneren Vision macht die alte Dame sie noch darauf aufmerksam, dass sie noch weitere Gefühle zurückgeben könne, und zwar an ihre Angehörigen.

Wie wir unsere Lieben belasten, indem wir unsere Gefühle in sie hineinprojizieren

Ebenso wie unsere frühen Bezugspersonen uns eventuell mit ihrer emotionalen Bürde beladen haben, können wir selbst unsere Angehörigen belasten, indem wir allzu intensiv unsere Gefühle in sie hineinprojizieren. Ganz besonders beim Gefühl von Sorge kann das sehr einschränkend auf sie wirken (falls sie nicht sehr wach oder völlig immun gegen unsere Gefühle sind). Manchmal sind die Gefühle, die wir auf diese Weise in unsere Lieben hineinprojizieren, noch nicht einmal unsere eigenen, sondern solche, die wir von früheren Angehörigen übernommen haben.

Anke schreibt: Ich mache mir seit einiger Zeit große Sorgen um einen lieben Freund, der an depressiven Verstimmungen leidet. In einer Sitzung mit Körperzentrierter Herzensarbeit wende ich mich diesen Gefühlen der Sorge und Belastung zu. Mir fällt auf, dass sie viel stärker sind, als es eigentlich der Situation angemessen ist. Safi, die mich bei der Sitzung begleitet, schlägt vor, zu prüfen, ob diese Gefühle vielleicht gar nicht zu mir gehören.

In diesem Moment taucht sehr deutlich vor meinem inneren Auge meine verstorbene Großmutter auf. Ich gebe ihr die Gefühle zurück. Ich sehe, wie ihr Gesicht sich aufhellt, und habe den Eindruck, dass sie es begrüßt, dass ich endlich die alte Last, die mir gar nicht gehört, ablege. Körperlich spüre ich sehr deutlich, wie eine große Last, die sich ähnlich anfühlt wie ein schweres Stück Holz, von meinem Nacken rollt. Daraufhin stellt sich das Gefühl ein, neugeboren zu sein, gefolgt von Leichtigkeit. Beiden Gefühlen öffne ich mein Herz. Ich merke, sie wollen erinnert und gepflegt werden.

Am Ende der Sitzung schaue ich zur Ausgangslage zurück, zu diesem Freund, um den ich mir Sorgen machte. Ich merke, dass ich diese Sorge nicht mehr habe. Ich sehe nun seine Kraft und merke auch, dass er nicht alleine ist, sondern geführt und beschützt von der geistigen Welt. Das hilft mir, ihn loszulassen.

Zurück im Alltag ist es für mich wichtig (und nicht immer einfach), das neue Gefühl der Leichtigkeit zu erinnern und zu pflegen. Etwas von dieser Leichtigkeit ist bis heute geblieben. Auch fällt mir im Alltag schneller auf, wenn ich Gefühle von anderen übernehme.

Ich habe viele solche Beispiele erlebt. Wenn wir jemanden lieben, neigen wir manchmal dazu, ihn klein zu sehen, ihm Lasten abnehmen zu wollen, uns aufzuopfern. Dabei beachten wir unsere eigenen Gefühle nicht, sondern lassen uns unbewusst von ihnen beherrschen: Angst, Sorge, Mitleid; manchmal allerdings kommt es auch vor, dass wir unbewusst den Wunsch haben, groß oder wichtig zu sein, oder den Wunsch nach größerer Nähe, als uns im normalen Alltag vergönnt ist, oder den Wunsch, uns gut im moralischen Sinne zu fühlen, und es daher genießen, wenn der andere klein und hilfsbedürftig ist und bleibt. Wie der französische Film »Bienvenue chez les Ch'tis« (»Willkommen bei den Sch'tis«) in sehr eindrücklicher und witziger Weise zeigt.

Ich habe die Erfahrung gemacht, dass unsere Gefühle sich dann auf andere übertragen, wenn wir selbst sie nicht wahrnehmen; sobald wir uns ihrer gewahr werden und sie bewusst fühlen, hört in der Regel die Übertragung auf, oder zumindest gibt es eine Bewegung in eine neue Richtung. Ich habe beispielsweise diese Erfahrung mit Personen gemacht, vor denen ich Angst hatte und die auf Angst aggressiv zu reagieren pflegten. Fühlte ich meine Angst bewusst in der Begegnung, war die Person auf einmal freundlich zu mir. Ich brauchte die Angst noch nicht einmal zu überwinden – sondern nur bewusst zu fühlen, damit sie sich nicht mehr auf den anderen übertrug und die gewohnte Reaktion auslöste! Ich vermute, dass jemand, der auf Angst mit Aggression reagiert, in Wirklichkeit die Angst des Gegenübers spürt, sich damit identifiziert und daher angreift – um sich rechtzeitig zu verteidigen.

Sie können es selbst ausprobieren. Wenn Sie sich beispielsweise in eine Konferenz, eine Versammlung oder zu einem Gruppentreffen begeben und unsicher sind, überträgt sich Ihre Unsicherheit auf die Gruppe oder zumindest auf einige ihrer Mitglieder, und man begegnet Ihnen ebenfalls mit Unsicherheit, die allerdings durch überhebliches oder aggressives Verhalten getarnt sein kann.

Wenn Sie sich das nächste Mal in eine solche Situation begeben, fühlen Sie Ihre Unsicherheit ganz bewusst, dann verhalten sich die anderen auf ihre eigene, natürliche Weise (und Sie selbst sind nicht mehr unsicher, da Sie mit diesem Gefühl nicht mehr identifiziert sind). (Wobei »fühlen« mehr bedeutet, als das Gefühl nur zur Kenntnis zu nehmen! Spüren Sie Ihren Atem und Ihren Körper und fühlen Sie die Unsicherheit wirklich.) Es ist, als könne man seine Gefühle zu sich zurücknehmen, indem man sie bewusst fühlt. Ich finde, dies ist eine sehr wichtige Information für Eltern. Im letzten, dem vierten Teil des Buches werde ich auf dieses Thema noch einmal etwas ausführlicher eingehen.

Gefühlsübernahme im Täter-Opfer-Verhältnis

In meinen Seminaren habe ich festgestellt, dass eine erschütternd große Zahl von Menschen, meist Frauen, in ihrer Kindheit sexuell missbraucht worden sind. Manchmal ist mir bei der Bearbeitung dieser Geschichten aufgefallen, dass die Opfer die Gefühle der Täter – meist handelte es sich um den Vater oder einen sonstigen nahestehenden Angehörigen – übernommen hatten, hauptsächlich Gefühle von Scham und Schuld, aber auch die Lust, die einen ganz speziellen Charakter hatte. Alle diese Gefühle waren natürlich tief verdrängt und nicht leicht aufzuspüren.

Mir sind viele Fälle begegnet, und ich erzähle hier die Geschichte von Charlotte stellvertretend für all die anderen.

> Charlotte wurde als Kind von ihrem Vater missbraucht. Nachdem sie zum ersten Mal einen Freund nach Hause gebracht hatte, ließ ihr Vater sie endlich in Ruhe.
>
> Im Alter von 16 Jahren ging sie von zu Hause fort. Sie wurde Verkäuferin in einer Buchhandlung. Dabei wurde ihr Interesse an spirituellen Büchern geweckt, und ihr Bedürfnis nach Heilung wurde ihr bewusst. So kam sie schließlich zu mir ins Seminar.
>
> Die ersten Sitzungen waren ein schmerzhafter Prozess, es kamen sehr unangenehme und tief sitzende Gefühle ans Licht. Es tat weh, zu erkennen, dass sie in ih-

rer Jugend wie ein Objekt benutzt (statt geliebt) wurde. Ihr Vater war Bauarbeiter, und er ging sehr oft mit seiner Frau in eine Kneipe. Sie waren beide Alkoholiker.

Obwohl sie eifrig mit Körperzentrierter Herzensarbeit daran arbeitete, dauerte es Jahre, bis Charlotte durch ihr schweres Kindheitsthema hindurchkam. Sie musste sich eine Menge von Gefühlen ans Licht holen, wie Schuld, Minderwertigkeitsgefühl, Scham, Trauer, Einsamkeit.

Bei einigen Gefühlen tauchte der Verdacht auf, es könnten nicht ihre eigenen sein. Darunter vor allem ein Gefühl, nicht erwünscht zu sein. Sie hatte schon öfter damit gearbeitet, aber es hatte sich dabei nie etwas bewegt. Es blieb immer kleben. Eines Tages merkte sie, dass dieses Gefühl von ihren beiden Eltern kam und eigentlich ihnen gehörte. Charlotte wurde es bewusst, dass ihre Mutter sie niemals gewollt hatte und dass ihr Vater lieber einen Sohn gehabt hätte.

Somit war das Gefühl, unerwünscht zu sein, logischerweise auch ihres; dennoch sagte ihr ihre Intuition, dass es auch ein Gefühl ihrer Mutter und ihres Vaters war. Sie gab also an beide Eltern ihren Teil an diesem Gefühl zurück. Ihre Mutter weigerte sich zwar in ihrem inneren Bild zunächst, das Gefühl zurückzunehmen, und ihr Vater guckte sie nur stumpf an; dennoch konnte sie die Rückgabe problemlos vollziehen und verspürte sofort Erleichterung. Den eigenen Teil konnte sie danach endlich ins Herz holen.

Weiterhin tauchte bei der Betrachtung dieser Themen ein Gefühl von Verachtung in ihr auf. Auch dieses Gefühl schien übernommen zu sein; spontan fällt ihr ihr Vater dazu ein. Sie gibt es ihm zurück. Das Gefühl wird leichter, aber es bleibt ein eigener Rest zurück. Ihr fällt ein, dass sie unterschwellig ihre beiden Eltern immer verachtet hat. Sie hatte ihnen ihre Verachtung sozusagen gespiegelt. Sie beendet die Sitzung, indem sie ihr Herz für das Gefühl von Verachtung öffnet. Es braucht Verständnis und Erlaubnis.

Nach dieser Sitzung fühlte sie sich sehr erleichtert, vor allem deswegen, weil sie erkannt hatte, dass all diese schlimmen Gefühle nicht nur ihre eigenen gewesen waren. Sie konnte in ihren Begegnungen mit anderen ihre Gefühle nun besser erkennen und unterscheiden.

Schließlich öffnete sie noch ihr Herz für ihre Sehnsucht nach Rehabilitation. Dabei merkte sie, dass ein Teil dieser Sehnsucht ihrem Vater gehörte, und dabei wurde ihr bewusst, dass auch ihr Schuldgefühl, ihre Scham und ihre Minderwertigkeit von ihrem Vater übernommen gewesen waren. Er war es, der sich so gefühlt hatte, während er sie missbrauchte, aber wohl auch im Hinblick auf seinen Alkoholkonsum. Sie gab ihm diese Gefühle auch noch zurück.

In den darauffolgenden Tagen kümmerte sie sich um ihre Sehnsucht nach Rehabilitation, indem sie sie immer wieder bewusst fühlte. Dann setzte sie sich wieder hin, um Körperzentrierte Herzensarbeit zu üben, und vertiefte sich in die Sehnsucht, um ihr auf den Grund zu schauen. Sie sah ein Bild, das sie zusammen mit ihren Eltern zeigte, friedlich in einem kleinen Boot, das auf den Wellen schaukelte. Als sie sich auf dieses Bild konzentrierte und in ihren Körper hineinspürte, entdeckte sie ein Gefühl von Angenommensein und Zugehörigkeit. Das war es, wonach sie sich gesehnt hatte. Diesem Gefühl konnte sie nun einen Platz in ihrem Herzen geben.

Während sie sich diese Szene weiter vorstellte, teilte sie innerlich ihren Eltern ihr neues Glück mit. Das war ein sehr bewegender Moment, denn nun merkte sie, dass beide Eltern in ihrer Kindheit darunter gelitten hatten, nicht erwünscht zu sein, und dass ihnen Zuneigung und Liebe gefehlt hatte. Beide hatten Scham-, Schuld- und Minderwertigkeitsgefühle daraus entwickelt. In Charlottes Herzen blühten in diesem Augenblick Verständnis und Mitgefühl, Liebe und Vergebung auf.

Ich habe niemals mit Opfern anderer Verbrechen gearbeitet, kann mir aber vorstellen, dass es auch hier Gefühlsübernahmen geben kann, denn obwohl pervertiert, entsteht zwischen Opfer und Täter oft eine sehr große Nähe, und als Opfer ist man manchmal regelrecht hypnotisiert vom Geschehen. Der Zustand von Hypnose aber ist eine ideale Voraussetzung für die Übernahme von Gefühlen.

Daher rate ich jedem, der einmal Opfer eines Übergriffs gewesen ist, bei der Herzensarbeit zu prüfen, ob sich nicht noch Gefühle des Täters in seiner Psyche finden, die erkannt und zurückgegeben werden müssen.

In meine Seminare kommen natürlich immer nur die Opfer und nicht die Täter – bei solch einem Tabu wie Kindesmissbrauch würde sich wohl auch kaum jemand mit einer solchen Tat »outen«. Es ist immer das Opfer, das sich nachher mit dem Trauma zurechtfinden muss; von den Tätern hören wir nichts. Dabei würde es auch ihnen guttun, sich einmal mit ihren Gefühlen auseinanderzusetzen. Immerhin haben sie die Verantwortung für die Probleme, die durch ihre Tat bei dem Kind angerichtet wurden, auf sich geladen. Vielleicht haben sie nicht gewusst, wie viel Schaden sie anrichten; vielleicht haben sie es in Kauf genommen, um ihr sexuelles Verlangen zu befriedigen. Unterschwellig sind sie sich der verheerenden Wirkung auf die Psyche des Opfers bewusst und verdrängen es. Möglicherweise haben auch sie Gefühle übernommen.

Manchmal ist die Missbrauchs- oder Gewaltgeschichte auch eine Kette, die vom Großvater über den Vater bis zum Sohn reicht. Hat der Sohn das Glück, die Herzensarbeit – oder etwas Ähnliches – zu kennen, so hat er den Schlüssel in der Hand, um die Kette des Verhängnisses zu beenden.

Das Verhalten eines Vaters, der es nicht lassen kann, seine Kinder zu missbrauchen, deutet möglicherweise auf eine tief liegende sexuelle Frustration hin; diese kann bewusst als Gefühl wahrgenommen werden, ebenso wie das Verlangen, die Lust, die Scham, das Schuldgefühl und die Reue, eventuell auch das Gefühl von Liebe, das sich mit alldem verknüpft. Alle Gefühle müssen im Körper aufgespürt und einzeln ins Herz geholt werden, um sich von dem Drama zu erlösen.

Die Frustration wird eventuell von der missbrauchten Person übernommen und in ihre Beziehungen hineingetragen, ebenso wie die Scham und die Schuld, vielleicht auch das Gefühl, schmutzig zu sein.

Ganz gleich ob Opfer oder Täter: Es geht darum, die Gefühle eins nach dem anderen bewusst wahrzunehmen, körperlich zu spüren und ins Herz zu holen und alles, was dem anderen gehört, zurückzugeben. Um die Verstrickung vollständig zu lösen, reicht es nicht aus, nur Herzensarbeit mit Ihren eigenen Gefühlen zu leisten; öffnen Sie auch Ihr Herz für die Gefühle desjenigen, dem Sie etwas angetan haben oder der Ihnen etwas angetan hat.

Das geht allerdings erst, wenn Sie Ihr Herz für Ihr eigenes Schuldgefühl beziehungsweise Ihren eigenen Groll (Wut, Hass oder dergleichen) geöffnet haben. Sonst wird es Ihnen nicht möglich sein, sich der gefühlsmäßigen Realität des anderen zu öffnen.

Und falls Sie der Täter gewesen sind, werden Sie wahrscheinlich danach nicht im Frieden sein, ohne auch äußerlich etwas zu tun; sei es, um Vergebung zu bitten oder für irgendeine Art von Ausgleich zu sorgen. Oder beides.

Die segensreiche Wirkung der Rückgabe

Wenn wir uns von einem fremden Gefühl befreien, hat das Auswirkungen auf unsere Psyche, unseren Körper, unsere Energie, unsere Sichtweise und auf unsere Beziehungen.

Erinnern Sie sich an Beatrice, die in ihren Beziehungen an Unfreiheit und Verstricktsein litt, bis sie entdeckte, dass sie das Symbiosegefühl ihrer Mutter übernommen hatte? Dies berichtete sie nach der Rückgabe dieses Gefühls:

> Beatrice: Die Trennung, in der ich steckte, als ich beim Seminar war, konnte ich gut für mich zum Abschluss bringen, natürlich mit Trauer, aber mit Leichtigkeit. Sonst war es immer so, dass ich schwer loslassen konnte, auch wenn eigentlich alles klar war.
>
> In meiner neuen Beziehung fühle ich eine völlig neue Qualität, Leichtigkeit und Intensität, es fühlt sich frei, klar und offen an, ohne dieses Klebrige, was ich sonst kenne. Obwohl unsere Situation wegen der großen Entfernung nicht ganz optimal ist, gibt es eine unglaubliche Verbundenheit und Ruhe, die ich so bisher nicht kenne.
>
> Das ist schon alles sehr erstaunlich, und es fühlt sich so an, als ob ich eine mir noch etwas unbekannte Ebene beschreite, wie ein neues Feld, in dem ich mich mehr bei mir und ganz fühle.

Auch die Beziehung mit der Person, von der man das Gefühl übernommen hat (sofern diese noch lebt), verbessert sich in der Regel nach dem Zurückgeben.

Gabriele hat die Gewohnheit, in Gedanken zu verschwinden, und zwar vor allem im Beisein ihrer Mutter. Diese hat nämlich die Angewohnheit, ihr immer noch »die Leviten zu lesen«, obwohl Gabriele schon seit Langem nicht mehr zu Hause wohnt. Gabriele lässt sich dann immer wieder zurechtstutzen wie ein kleines Kind. Zunächst hört sie ihr immer wieder zu, doch dann passiert immer dasselbe: Sie starrt die Mutter weiter an, verschwindet jedoch in Gedanken.

Bei einer Herzensarbeit schaut Gabriele sich diese Situation an. Während sie sich bewusst macht, wie sie sich dabei fühlt, merkt sie, dass diese Gefühle eigentlich ursprünglich nicht ihr gehören, sondern ihrer Mutter. Auch ihrer Mutter wurden die Leviten gelesen, und zwar von deren Mutter, und sie hatte sich auf dieselbe Weise verschlossen, indem sie in ihrer Gedankenblase verschwunden war. Gabriele erinnert sich sogar noch daran; als kleines Kind hat sie manchmal erlebt, wie ihre Großmutter ihre Mutter abgekanzelt hat.

Gabriele schaut sich diese Gefühle nun im Einzelnen an: die Leere, das Abdriften und auch ein Gefühl, bedrängt, in die Enge getrieben zu werden, verbunden mit Überforderung und Herabsetzung. Sie merkt, dass dies teils ihre Gefühle sind, teils die ihrer Mutter. Beim Zurückgeben verspürt sie Erleichterung, auch bei ihrer Mutter.

Als sie ihre Mutter das nächste Mal besucht, spricht sie die Sache an: Sie sagt ihr, dass jeder mal überfordert ist, wenn ihm die Leviten gelesen werden. Ihre Mutter denkt darüber nach und stimmt ihr dann zu.

»Ich war auch so überfordert, damals, als Oma mich ausschimpfte. Ich verschwand dann einfach in Gedanken. So schnell hat man sich so etwas angewöhnt!«

Das Verhältnis zwischen Gabriele und ihrer Mutter wird danach entspannter und freundschaftlicher.

Viele Menschen erleben, dass nach der Rückgabe fremder Gefühle Bewegung in vormals chronische Probleme kommt. Manchmal verschwinden sogar körperliche Symptome. In einigen Fällen ist es wie ein großer Neubeginn, verbunden mit dem Eindruck, jetzt zum ersten Mal man selbst zu sein.

Mir selbst geht es oft so, dass ich nach der Entdeckung und der Rückgabe eines fremden Gefühls das Gefühl habe, »wieder da« zu sein; umgekehrt bedeutet das, dass ich vorher irgendwie absorbiert oder hypnotisiert war, ohne es zu merken.

Woran erkennt man, dass ein Gefühl einem nicht gehört?

Fremdgefühle als solche zu erkennen setzt eine gewisse Wachheit voraus. Bevor man ein Gefühl als »nicht meins« diagnostizieren kann, muss man es natürlich erst mal überhaupt wahrnehmen. Eine gewisse emotionale Bewusstheit muss also erreicht und gepflegt werden. (Wie man das bewerkstelligen kann, erkläre ich detailliert im Technik-Teil.)

Es gibt einige Zeichen, die darauf deuten können, dass man es mit einem Fremdgefühl zu tun hat:

- Es fällt einem plötzlich auf, dass dieses Gefühl eigentlich gar nicht zu einem selbst passt.
- Das Gefühl beherrscht einen in übertrieben starkem Maße oder ist unangemessen intensiv.
- Es hat etwas Klebriges an sich.
- Beim Praktizieren der Körperzentrierten Herzensarbeit kann man sein Herz nicht richtig dafür öffnen, man bleibt mit dem Gefühl identifiziert, auch wenn man alles richtig macht.
- Das Gefühl kommt in unveränderter und unabgeschwächter Form immer wieder.

Um zu merken, dass das Gefühl, das einen gerade beherrscht, ein Fremdgefühl ist, muss man vor allen Dingen auf die Idee kommen, dass es so sein könnte.

Ist man erst einmal mit diesem Gedanken vertraut, dann taucht er im richtigen Moment im Bewusstsein auf. »Halt, stopp. Gehört mir dieses Gefühl eigentlich?«

Teil III

Die Technik der Befreiung

Schritt für Schritt zur Befreiung: die acht Hindernisse überwinden

Wenn Sie bis hierhergekommen sind, haben Sie vielleicht schon das eine oder andere »Aha«-Erlebnis gehabt und das eine oder andere Ihrer Gefühle als übernommenes diagnostiziert. Vielleicht auch schon ein kleines Rückgabe-Erlebnis gehabt.

Nun möchte ich Sie von Grund auf in die Technik einweisen, die Sie in die Lage versetzen wird, fremde Gefühle als solche zu erkennen und sich von ihnen zu befreien. Sie erinnern sich vielleicht an die Aufzählung einiger zu überwindender Schwierigkeiten aus dem einführenden ersten Teil dieses Buches:

- Die erste Hürde besteht darin, dass wir in der Regel sehr unbewusst vor uns hinleben. Wir bemerken unsere Gefühle überhaupt nicht.
- Das zweite Problem ist, dass wir die meisten Gefühle gar nicht bemerken können, da sie uns überhaupt nicht bewusst sind. Wir haben sie verdrängt.
- Die dritte Schwierigkeit ist die, dass wir mit unseren Gefühlen, selbst wenn wir sie bemerken, identifiziert sind. Wir sind wütend, statt Wut wahrzunehmen. Wenn wir uns aber mit etwas identifizieren, können wir es nicht zurückgeben, denn um es zurückgeben zu können, müssen wir es erst einmal wahrnehmen.
- Viertens muss man erst einmal auf die Idee kommen, dass das Gefühl, das einem gerade zu schaffen macht, einem vielleicht gar nicht gehört.
- Fünftens muss man das im konkreten Fall auch bemerken.
- Sechstens muss man bereit sein, es zurückzugeben. Es können innere Hindernisse auftauchen, Ängste oder Schuldgefühle zum Beispiel.
- Siebtens muss man wissen, wie man sich von dem fremden Gefühl befreit.
- Achtens reicht es nicht aus, wenn das Ganze nur im Kopf stattfindet; Gefühle sitzen im Körper und müssen dort sozusagen abgeholt werden, sonst bleiben sie dort sitzen.

Beginnen wir bei der ersten Schwierigkeit.

Schritt eins:
Emotionale Bewusstheit wecken

Wenn wir unbewusst vor uns hinleben, ergreifen uns Emotionen, eigene wie fremde, und wir können nicht anders, als sie in Gedanken, Worte oder Taten auszudrücken. Selbst wenn wir sie zurückhalten oder unterdrücken, wirken sie in uns, beeinflussen unser Denken und die Vorgänge in unserem Körper. Je mehr wir ein Gefühl aus unserem Bewusstsein verdrängen, desto mehr beherrscht es uns. Und umgekehrt: Je bewusster wir es wahrnehmen, desto weniger beherrscht es uns – wenn wir es mit der richtigen Bewusstheit wahrnehmen, das heißt nicht nur mit dem Verstand, sondern auch mit dem Herzen, überhaupt nicht mehr. Was nicht bedeutet, dass das Gefühl dann verschwunden oder umgewandelt ist; was verschwunden ist, ist unsere Identifikation mit ihm, und was umgewandelt ist, ist unser Verhältnis zu diesem Gefühl. Wir erkennen seine Funktion, es rückt an seinen richtigen Platz, und wir sind aus der Hypnose der Gedanken, die aus der Identifikation mit diesem Gefühl resultierten, aufgewacht.

Was heißt »Identifikation mit einem Gefühl«? Mit etwas identifiziert zu sein heißt, zu denken, dass man dieses Etwas ist. »Ich bin Schriftstellerin.« »Ich bin eine Frau.« »Ich bin dumm.« »Ich bin Nichtraucher.« Das »Ich bin« ist die Identifikation. Ich mache aus dem, was ich zu sein denke, meine

Identität. Das geschieht auch, wenn ich gerade von einem Gefühl übermannt werde. Ich mache dann daraus meine Identität. Zumindest für eine Zeit lang. Ich »bin« wütend. Ich »bin« traurig. Die gleiche Identifikation steckt auch dahinter, wenn wir es anders ausdrücken: »Ich habe Angst.« »Ich fürchte mich.« Oder: »Ich sehne mich.« »Du machst mich unglücklich.« »Das macht mich ärgerlich.«

Wenn ich traurig *bin*, betrachte ich die Welt – die Situation, die Person oder den Vorfall, der meine Trauer ausgelöst hat – als Traurige oder Trauernde. Trauer beherrscht mich. Ich sehe die Dinge durch die Brille der Trauer, so, wie ich die Dinge durch die Brille des Ärgers sehe, wenn ich mich ärgere. Ich drücke das Gefühl in Gedanken aus und bilde immer neue Gedanken, in denen es immer wieder ausgedrückt und verstärkt wird.

Ein Gefühl wahrzunehmen bedeutet, die Blickrichtung zu ändern. Während ich weiterhin die traurigen Gedanken denke, macht meine Aufmerksamkeit eine 180-Grad-Kehrtwendung und richtet sich statt auf die Außenwelt auf mich selbst. Auf meine Körperempfindung, auf mein Gefühl. Nun bin ich bei mir statt außer mir.

Probieren Sie es aus, wenn Sie das nächste Mal Gedanken bemerken, die ein Gefühl ausdrücken. Zum Beispiel wenn Sie merken, dass Sie sich ärgern. Ärgern Sie sich weiter, lassen Sie den ärgerlichen Gedanken freien Lauf, richten Sie nur Ihre Aufmerksamkeit auf sich selbst. Wie fühlt es sich an, sich zu ärgern? Welche Körperspannung und -haltung ist damit verbunden? Spüren Sie Ihren Atem und Ihren Körperzustand und machen Sie sich klar, dass Sie gerade dabei sind, das Gefühl »Ärger« zu erforschen.

Gefühle sind zum Fühlen da. Ärger ist mehr als nur ein Gedanke; um ihn wahrzunehmen, reicht es daher nicht, ihn gedanklich zur Kenntnis zu nehmen. »Ach ja, dieser Ärger.« Ein Gefühl ist eine seelische und körperliche Empfindung, und wenn wir es wahrnehmen wollen, müssen wir es fühlen. »Fühlen« bedeutet, es mit allen Fasern bewusst zu erleben. Dabei spielt der Atem eine wichtige Rolle. Der Atem ist das, womit wir ein Gefühl im Körper erspüren und erleben. Bewusstes Fühlen löst die Spannungen, die die Gefühle im Körper hinterlassen haben, heilt und gibt Kraft. Auf diesen Zusammenhang bin ich ausführlich in meinem Buch »Wieder fühlen lernen« eingegangen.

Sie können in allen Situationen Ihres Lebens, welche das auch sein mögen, emotionale Bewusstheit einschalten. Das Wichtigste ist, sich das vorzunehmen. Am besten jeden Morgen beim Aufwachen. Bevor Sie aufstehen oder bevor Sie sich mit der Außenwelt konfrontieren, gönnen Sie sich einen Augenblick der Selbstzuwendung und nehmen Sie wahr, wie Sie sich fühlen. Während Sie das Gefühl benennen (»müde«, »deprimiert«, »nervös«, »herrlich ausgeschlafen«, »voller Vorfreude«), spüren Sie Ihren Atem und Ihren Körper und fühlen Sie es. Nehmen Sie sich vor, diese kleine Selbstzuwendung den ganzen Tag über immer wieder zu üben, so oft es Ihnen einfällt. »Heute werde ich auf meine Gefühle achten.« Oder: »Heute werde ich meine Gefühle bemerken.« Oder: »Mal sehen, welche Gefühle heute auftauchen.«

Notieren Sie abends, welche Gefühle Sie im Laufe des Tages bemerkt haben. Das eine oder andere Gefühl möchte vielleicht bei dieser Rückschau ein wenig mehr Aufmerksamkeit; verweilen Sie bei ihm, während Sie Körper und Atem spüren. *Tun* Sie nichts weiter damit; *fühlen* Sie es nur.

Schritt zwei:
Lernen, sich der Gefühle bewusst zu werden, die man aus dem Bewusstsein verdrängt hat

Das zweite Hindernis auf dem Weg zur Bewusstheit: Die meisten unserer Gefühle können wir gar nicht bemerken, da sie uns nicht bewusst sind. Wir haben sie verdrängt.

Wir müssen also lernen, wie man sich derjenigen Gefühle bewusst wird, die man aus dem Bewusstsein verdrängt hat.

Auf Gefühle aufmerksam zu werden, die sich innerhalb des Lichtkegels unserer bewussten Aufmerksamkeit befinden, ist nicht schwierig; es ist lediglich eine Übungssache. Man braucht nur seine Gedanken zu beobachten. Die einzige Schwierigkeit besteht darin, dass man das immer wieder vergisst; man muss sich also selbst immer wieder daran erinnern, wie im vorigen Kapitel erklärt.

Der Hauptteil der Gefühle jedoch, die uns beherrschen, eigene oder fremde, befindet sich außerhalb dieses Lichtkegels. Diese Gefühle wahrzunehmen ist oft viel wichtiger, da sie tiefer sitzen und uns wesentlich mehr prägen und beherrschen, da sie so tief verdrängt sind. Nur, wie nimmt man sie wahr?

Um sie zu finden, müssen wir nicht unsere Gedanken beobachten, sondern unseren Körper. Jedes Gefühl ist zugleich auch ein Körperzustand. Es wirkt sich auf unsere Nerven, Muskeln, Organe, Knochen, auf die Vorgänge innerhalb und zwischen unseren Zellen, auf Neurotransmitter, Hormonausschüttungen und alle Lebensvorgänge in unserem Körper aus. Sie können das selber prüfen.

Beobachten Sie, was in Ihrem Körper geschieht, wenn Sie an ein x-beliebiges Gefühl denken. Zum Beispiel an Angst oder an Freude. Sie werden merken, dass es einen großen Unterschied macht, ob Sie »Angst« denken oder »Freude«. Wenn schon solch ein oberflächlicher und pauschaler Gedanke an das Gefühl eine Veränderung im Körper auslöst, können Sie sich vorstellen, welche Wirkung die Gefühle, die wir tatsächlich und über Jahre hinweg hegen, auf den Körper haben.

Eine Emotion bewegt uns also nicht nur seelisch, sondern auch körperlich. Lassen wir diese Bewegung geschehen und fühlen sie, dann kommt sie irgendwann zu ihrem natürlichen Ende, und die Spannung, die das Gefühl im Körper erzeugt hatte, verschwindet. Jedoch wenn wir die Emotion nicht fühlen, sondern unterdrücken, so verbleibt die Spannung, die zu ihr gehört, im Körper und löst sich nicht. So können wir Gefühle, die vor Jahrzehnten in uns entstanden sind, heute immer noch unverändert im Körper wiederfinden, und ebenso unverändert beherrschen sie unser Denken und Handeln – bis wir sie bemerken und bewusst als Gefühl wahrnehmen.

Daher können wir diejenigen Gefühle, die uns nicht bewusst sind, wiederfinden, indem wir in unseren Körper hineinspüren.

Wenn Sie das nächste Mal merken, dass ein Problem Sie beschäftigt, dass eine Sache Sie nicht loslässt, dass Ihre Gedanken unablässig um etwas kreisen, schließen Sie einmal Ihre Augen und achten Sie auf das, was Sie in Ihrem Körper spüren. Gibt es irgendwo eine besondere Empfindung? Zum Beispiel eine Anspannung oder ein Kribbeln, einen Schmerz, eine Hitzeempfindung oder eine auffallende Schlaffheit? Begeben Sie sich mit Ihrer Aufmerksamkeit ganz in diese besondere Körperempfindung hinein. Spüren Sie Ihren Atem dabei. Erleben Sie diese Körperempfindung, beobachten Sie sie nicht nur von oben, sondern seien Sie mit Ihrer Aufmerksamkeit mittendrin. Achten Sie nun darauf, wie Sie sich fühlen. Welches Gefühl taucht in Ihrem Bewusstsein auf? Welches Gefühl drückt sich in dieser Körperempfindung aus? Benennen Sie es genau. Sie werden Erleichterung feststellen, wenn Sie den genauen Namen gefunden haben. Das Gefühl wurde erkannt, und das tut immer gut. Mit dem Erkennen beginnt Ihr Herz, sich diesem Gefühl zu öffnen.

Gewöhnen Sie sich an, in allen Situationen, in denen Sie emotional reagieren, sich verschließen, sich ärgern oder nicht aufhören können, über etwas nachzudenken, Ihre Aufmerksamkeit in Ihren Körper zu lenken, um herauszufinden, wie Sie sich wirklich fühlen.

Schritt drei:
Lernen, sich zu des-identifizieren

Die dritte Schwierigkeit: Selbst wenn wir unsere Gefühle nun bemerken, nehmen wir sie noch nicht wirklich wahr, denn zunächst sind wir noch mit ihnen identifiziert. Was wir glauben zu sein, können wir nicht wahrnehmen. Und was wir nicht wahrnehmen, können wir nicht zurückgeben – für den Fall, dass es sich um ein fremdes Gefühl handelt.

Erst müssen wir also wissen, wie wir aufhören können, uns mit einem Gefühl zu identifizieren.

Mit den vorangegangenen Schritten haben Sie gelernt, auf die Gefühle zu achten, die Sie in Ihren Gedanken bemerken, und diejenigen im Körper wiederzufinden, die Sie aus Ihrem Bewusstsein verdrängt hatten.

Wie befreit man sich nun aus der Identifikation mit einem Gefühl, das man entdeckt hat?

Indem man sein Gefühl *als Gefühl wahrnimmt,* anstatt es zu sein und auszudrücken. Je gründlicher Sie das Gefühl erforschen, je genauer Sie wahrnehmen, wie es sich anfühlt, desto mehr hören sie auf, es zu *sein,* und beginnen es *wahrzunehmen.* Vorher waren Sie *in* dem Gefühl; das Gefühl schien größer zu sein als Sie. Nun ist das Gefühl in Ihnen; Sie sind größer als das Gefühl. Jetzt nehmen Sie es wahr, anstatt von ihm beherrscht zu werden. Sie werden sehen, das ist ein großer Unterschied.

Schritt vier: Sich mit der Möglichkeit vertraut machen, dass man manchmal Fremdgefühle in sich hat

Wenn man nicht weiß, dass man auch fremde Gefühle in sich tragen kann, kann man es im konkreten Fall schwerlich bemerken. Man muss erst einmal auf diesen Gedanken gebracht werden.

Mir selber war diese Idee in einem Vortrag von Pir Vilayat Khan[4] zum ersten Mal begegnet. »Wenn Sie sich in der Gegenwart eines bestimmten Menschen wie ein Lügner fühlen, ohne einen Grund dafür zu haben, kann es sein, dass in Wirklichkeit er es ist, der sich wie ein Lügner fühlt.«

Dieser Satz fiel mir ein, als ich mich über mein seltsames Verhalten einer Bekannten gegenüber wunderte. Ich hatte mich gerade mit ihr unterhalten, und dabei war mir aufgefallen, dass ich sie ständig belehrte. Diese Frau war älter, erfahrener und weiser als ich. Mein Verhalten war mir im Nachhinein peinlich, und ich nahm mir vor, es zu ändern.

Jedoch auch beim nächsten Treffen verfiel ich in den gleichen belehrenden Tonfall. Es war wie ein Zwang, ich konnte nicht anders, als mit ihr zu reden, als sei sie ein kleines Mädchen und ich eine ältere Tante. Ich kam zu dem Schluss, das könne daran liegen, dass sie körperlich klein war und sich vielleicht daher auch klein fühle und dass ich auf dieses Selbstbild reagierte, indem ich sie entsprechend behandelte. Der Gedanke mochte stimmen oder nicht, aber er änderte nichts an meinem Verhalten. Ich konnte nicht aufhören, sie zu belehren. Plötzlich fiel mir die wiederholt von Pir Vilayat Khan geäußerte Empfehlung ein, darauf zu achten, wie man sich in Gegenwart einer Person fühlt – es könne ein Hinweis darauf sein, wie sie sich selbst fühlt. Ich ging in mich. Wie fühlte ich mich in Gegenwart dieser Frau? Wie jemand, der es besser weiß – überlegen. So fühlte ich mich. Dafür gab es aber keinen Grund. Demnach war sie es vielleicht, die sich überlegen und besserwissend fühlte? Und hatte ich dieses Gefühl unbewusst aufgefangen? Ich spürte, dass dieser Gedanke irgendetwas in meinem Innern zurechtrückte, und bei der nächsten Begegnung beherrschte mich der Belehrzwang nicht mehr so sehr, ich konnte ihn bewusster wahrnehmen und war in der Lage, mich natürlicher zu verhalten.

Durch diesen Vorfall entdeckte ich, dass wir durch die Art, wie wir einander behandeln, einander Gefühle »spiegeln«. Das heißt: Ich drücke dein Gefühl aus (das ich unterschwellig wahrnehme), indem ich dich entsprechend behandle; und umgekehrt: du übernimmst mein (unbewusst wahrgenommenes) Gefühl und agierst es mir gegenüber aus. Daher ist es übrigens nützlich, den oben zitierten Satz auch einmal umzudrehen: »Achten Sie darauf, wie Sie von anderen Leuten behandelt werden; es könnte Ihnen zeigen, wie Sie sich selbst unbewusst fühlen.«

Auf diese Weise war ich also auf die Möglichkeit aufmerksam gemacht worden, dass man das Gefühl eines anderen in sich selbst fühlen kann. Meiner Erfahrung nach ist das das Wichtigste an der Sache: Man muss auf die Idee kommen. Sonst verbringt man womöglich sein ganzes Leben unter dem Joch eines fremden Gefühls, ohne es zu merken.

Mit diesem Buch nun bringe ich Sie, liebe Leserinnen und Leser, auf die Idee und bin sicher, dass sie Ihnen in Erinnerung kommt, wenn Sie es einmal brauchen.

Schritt fünf:
Lernen zu erkennen, wann wir ein fremdes Gefühl vor uns haben

Nun muss man auch noch im konkreten Fall merken, dass das Gefühl, von dem man gerade ergriffen ist, ein fremdes ist. Man muss lernen, es zu erkennen.

Um dazu in der Lage zu sein, braucht man fünf Voraussetzungen. Man muss:

- wach sein;
- auf seine Gefühle achten;
- wissen, dass es Fremdgefühle geben kann;
- auf seine innere Stimme hören;
- auf äußere Zeichen achten.

Wachheit

Wir können uns im eingeschlafenen, hypnotisierten Zustand befinden oder im wachen. Wenn wir mit unserer Aufmerksamkeit nicht in der Gegenwart sind, sondern unbewusst-automatisch in Gedanken, sind wir wie Träumer, hypnotisiert von unseren selbst erzeugten Gedanken, Bildern und Gefühlen. Wir sind nicht wach. Wachheit bedeutet nicht, die Gedanken abzuschalten; Wachheit bedeutet, wahrzunehmen, dass da Gedanken sind. Wachheit bedeutet auch, sich der Sinneseindrücke bewusst zu sein, also mit der Aufmerksamkeit im Körper und im Hier und Jetzt zu sein. Dann spüren wir unseren Atem. So, wie wir das Geräusch der Biene hören, die an uns vorbeisummt, den Baum vor unserem Fenster sehen und die warme Luft an unserer Haut spüren, nehmen wir auch das Geräusch und die Empfindung unseres Atems wahr, wenn wir wach und präsent sind.

Umgekehrt gesagt: Wenn wir unseren Atem nicht wahrnehmen, sind wir abwesend. Von unseren Gedanken aus der Gegenwart entführt. Wenn wir abwesend sind, bemerken wir nicht, was in unserem Körper vorgeht, und beachten somit nicht die energetischen und gefühlsmäßigen Veränderungen, die sich in oder nach einem Kontakt mit anderen Menschen einstellen.

Ebenso wenig bemerken wir diese, wenn wir vom Inhalt des Gesprächs gefesselt sind und Körper, Atem und Sinneseindrücke nicht mehr bemerken. Dann befinden wir uns in einem Hypnosezustand.

Mit Wachheit meine ich also: Den Körper spüren, den

Atem spüren, da sein, bewusst wahrnehmen, was geschieht – innen wie außen. Manchen Menschen fällt das leicht, anderen schwer. Manche Menschen können nicht anders, als ständig in Gedanken zu sein. Sollte das auch bei Ihnen der Fall sein, schlage ich vor, diesen Zustand einmal bewusst wahrzunehmen. Wachheit bedeutet nicht, etwas zu ändern – sondern es bewusst wahrzunehmen, anstatt darin das Bewusstsein zu verlieren.

»Aha, jetzt bin ich wieder im Kopf ... Das schaue ich mir jetzt einmal an. Wie fühlt sich das an? Was geschieht da in meinem Innern? Und in meinem Körper? Und wie fühle ich mich dabei?« Wenn Sie das erforscht haben, können Sie weitergehen und sich fragen: »Wenn ich nun auf dieses In-Gedanken-Sein verzichten würde (nicht um es wirklich zu tun, sondern um zu erforschen, was dann passiert), wie wäre das? Wo bin ich dann? Wie fühlt sich das an? Wie fühle ich mich dabei?«

Wahrscheinlich werden Sie feststellen, dass Sie sich im Kopf wie in einem Turm fühlen, einerseits zwar isoliert, allein und nicht verbunden, andererseits aber auch wohlig sicher – in der Welt Ihrer eigenen Gedanken statt in der realen Welt. Wenn Sie sich dann vorstellen, auf das ständige Denken zu verzichten, taucht womöglich ein bedrohliches Gefühl auf. Lernen Sie es kennen. Es ist ein Gefühl. Und keine Tatsache. Wenn Sie es bewusst fühlen, sind Sie wieder wach.

Wachheit bedeutet also nicht, den Zustand der Nichtwachheit abzuschaffen oder zu verändern, sondern ihn bewusst wahrzunehmen. Der bloße Entschluss dazu holt Sie bereits in die Gegenwart und weckt Sie auf.

Auf seine Gefühle achten

Sobald Sie beginnen zu üben, Ihren Körper, Ihren Atem und die übrigen Sinneseindrücke wahrzunehmen, werden Sie immer öfter auf Ihre Gefühle aufmerksam; Sie werden die Gefühle bemerken, die sich in Ihren Gedanken äußern, und Sie werden diejenigen bemerken, die sich in Ihrem Körper äußern. (Im Technik-Teil werde ich genauer erklären, wie man sich in diese Körpersymptome hinein vertiefen kann, um die darin gespeicherten Gefühle zu entdecken.)

Sich mit der Möglichkeit vertraut machen, dass es übernommene Gefühle gibt

Ebenso wie ich bereits einmal von der Möglichkeit von Gefühlsübernahmen gehört hatte, bevor mir eine konkrete Übernahme auffiel, haben Sie nun davon gehört. Wahrscheinlich hat diese Information Ihr Interesse geweckt, sonst würden Sie dieses Buch nicht lesen. Von nun an, davon gehe ich aus, wird diese Information sich immer dann in Ihrem Bewusstsein melden, wenn es nötig ist. Sie müssen nur darauf achten. Das setzt wiederum die erwähnte Wachheit voraus.

Auf die innere Stimme hören

Wenn Sie also das nächste Mal mit einem Gefühl konfrontiert oder von ihm überschwemmt werden, und es meldet sich die Ahnung, dieses Gefühl könnte von jemand anderem übernommen sein, übergehen Sie diese Stimme nicht – nehmen Sie sie wahr. Sie könnte recht haben. Ob sie tatsächlich recht hat oder nicht, wird die Praxis des Zurückgebens erweisen, die ich später erläutere.

Sollten sich bereits »Ahas« bei Ihnen einstellen, bevor Sie zum Technik-Kapitel kommen, begnügen Sie sich vorerst damit, zu beobachten, was geschieht, wenn Sie sich sagen: »Aha, dieses Gefühl gehört mir also nicht, sondern …« (im Allgemeinen taucht auch gleich eine Ahnung auf, wem das Gefühl gehören könnte). Bevor man das Zurückgeben als Ritual kennenlernt, ist es wichtig, erst einmal genau wahrzunehmen, was diese Erkenntnis (sofern sie eine ist – was man dann merkt) bewirkt.

Auf äußere Zeichen achten

Manchmal weisen uns Ereignisse, Zeichen, Bemerkungen darauf hin, dass da etwas ist, was wir uns näher anschauen müssen – vielleicht ein fremdes Gefühl. So wie die Geschichte mit meinem klemmenden Scheibenwischer. Vielleicht weist uns ein Mitmensch darauf hin, indem er sagt: »Das ähnelt dir gar nicht«, oder: »Du scheinst mir gar nicht du selber zu sein, wenn du das sagst«, oder: »Jetzt redest du wie deine Mutter.« Mit diesem äußeren Zeichen ist es wie mit der inneren Stimme: Es geht nicht darum, nach ihnen Ausschau zu halten, sie zu suchen – sondern sie wahrzunehmen, wenn sie auftauchen.

Schritt sechs: *Lernen, wie man mit Hindernissen umgeht, die bei der Rückgabe auftauchen können*

Wie ich in einem früheren Kapitel schon sagte, hat es im Allgemeinen einen Grund, wenn wir ein Gefühl einer anderen Person übernehmen und uns damit identifizieren, ganz besonders wenn es um eine langfristige oder lebenslange Gefühlsübernahme geht. Daher kann es sein, dass man es nicht so einfach zurückgeben kann.

> Anne schreibt: Beim Aufspüren von Blockaden im Körper stieß ich auf das Gefühl von Traurigkeit – und dachte: »Du schon wieder«, weil es sich in den letzten Tagen trotz Ins-Herz-holen immer wieder in unveränderter Weise zeigte. Und da dachte ich an Safis Bemerkung über fremde Gefühle (im Seminar, Anm. d. A.) und an den Hinweis, dass solche im Spiel sein können, wenn man feststeckt und in einem Thema nicht richtig weiterkommt.
>
> Dadurch kam ich auf die Idee, mich zu fragen, ob das wirklich alles meine eigene Traurigkeit war. Und es fiel mir plötzlich wie Schuppen von den Augen – davon hatte ich vorher nichts geahnt –, ich hatte die Traurigkeit meiner Mutter übernommen!
>
> Mit dieser Erkenntnis wurde es aber erst richtig spannend. An Zurückgeben war nämlich überhaupt nicht zu denken. Mir waren zwar Safis Worte bewusst, dass

die Mutter dieses Gefühl ja sowieso hat und ich es ihr durch Zurückgeben daher nicht aufbürden kann, dennoch war es mir in keinster Weise möglich, ihr dieses Gefühl zurückzugeben. Ich habe mich in diesem Augenblick so schlecht, so schuldig gefühlt – wie kann ich mich dieses Gefühls entledigen, nur damit es mir besser geht, und meiner Mutter bürde ich noch etwas auf! Mir war schon vorher bewusst, dass ich meine Mutter auch als Kind nie mit meinen Themen und Problemen belasten mochte, weil ich sie als psychisch instabil einschätzte und ihr zu ihren Ehesorgen nicht noch zusätzliche Probleme machen wollte.

Dass sich dieses Muster in der Übung so massiv zeigte und ich mich so schlecht und schuldig fühlte, wenn ich auch nur daran dachte, für mich zu sorgen (auf Kosten meiner Mutter, wie ich meinte), das war eine erschreckende Erkenntnis. Mir wurde jetzt klar, dass ich immer Sorge um meine Mutter hatte und stets versucht habe, Dinge oder Konflikte von ihr fernzuhalten oder ihr abzunehmen. Ich selbst wollte ihr auf keinen Fall zur Last fallen.

Anne konnte ihrer Mutter die Traurigkeit zunächst nicht zurückgeben, weil sie sich dann schuldig fühlte. Ebenso kann es geschehen, dass man ein Gefühl nicht zurückgeben kann, weil man dann Angst hat, die Person zu verlieren. Oder weil man befürchtet, dass sie unter der Last ihres Gefühls zusammenbrechen würde. Oder weil man so viel Mitleid hat. Oder so viel Liebe. Oder sich verantwortlich fühlt.

Wie geht man mit diesen Hindernissen um? Indem man das eigene Gefühl – das, welches uns am Zurückgeben hindert – bewusst wahrnimmt. Man muss es weder überwinden noch loswerden, sondern nur mit der richtigen Bwusstheit wahrnehmen, also ohne damit identifiziert zu sein.

Manchmal ist es eine ganze Reihe eigener Gefühle, die auftaucht, wenn wir versuchen, etwas zurückzugeben. Wie Anne weiterschreibt:

> Nun kam eine ganze Reihe eigener Gefühle wie ein dicker »Erkenntniskloß« an die Oberfläche getrieben. Zum Beispiel »Einsamkeit« und »Auf niemanden wirklich bauen können«, Gefühle, die in der Zeit, da ich ständig versuchte, meiner Mutter etwas abzunehmen, in mir heranwuchsen.

In einem solchen Fall muss man Ordnung schaffen und eines nach dem anderen mit Aufmerksamkeit versorgen.

> Anne: Ich war völlig durcheinander und wusste erst mal gar nicht, um welches Gefühl ich mich als Erstes kümmern sollte. Ich habe mich für das Schuldgefühl entschieden. Und dann für die Einsamkeit und Traurigkeit des Kindes, das seiner Mutter auf keinen Fall zur Last fallen möchte und damit völlig überfordert schien. Für diese Gefühle habe ich mein Herz geöffnet.

Manchmal bedarf es zusätzlich einer Erkenntnis, die etwas richtigstellt, bevor man die Gefühle tatsächlich zurückgeben kann. Eine solche Erkenntnis stellt sich oft in dem Augenblick ein, da man dem Gefühl sein Herz öffnet.

> Anne: Beim Lösen und Ins-Herz-holen hat mir eines sehr geholfen. Mir wurde zutiefst klar, dass meine Mutter bei all ihrem Kummer niemals gewollt hätte, dass ich ihr irgendwas abnehme. Die Schuld, die Einsamkeit und Traurigkeit anzusehen und ins Herz zu erlösen waren das eine. Aber erst mit dieser Erkenntnis konnte ich ihr den von ihr übernommenen Anteil an Traurigkeit zurückgeben.

Zusammengefasst: Hindernisse, die beim Versuch, ein fremdes Gefühl an den Eigner zurückzugeben, auftauchen, müssen nicht überwunden, sondern angeschaut werden. Es handelt sich dabei immer um Gefühle, und Gefühle wollen gefühlt werden, das heißt, sie wollen ins Herz.

Schritt sieben:
Die Technik des Zurückgebens kennenlernen

Im Grunde genommen müssen wir Gefühle, die wir von anderen übernommen haben, nicht an diese zurückgeben; denn die andere Person hat sie ja ohnehin. Es sind ja ihre. Wir können sie ihr nicht wegnehmen und daher auch nicht zurückgeben. Denn was ist ein Gefühl? Ein Gefühl ist kein Gegenstand, den man in die Hand nehmen und wie ein Päckchen hin- und herschieben kann. Ein Gefühl ist eine

Art, wie man sich fühlt. Wenn Sie traurig sind, weil Sie etwas verloren haben, das Ihnen kostbar war, und jemand versucht, Ihnen diese Trauer abzunehmen, indem er auch traurig ist, dann ist Ihre Trauer davon nicht weg. Sie sind immer noch traurig. Aber der andere eben auch. Die Trauer hat sich verdoppelt. Gibt er Ihnen nun die Traurigkeit zurück, ändert sich für Sie nichts – Sie haben einen Verlust erlitten und Sie sind traurig darüber. Sie fühlen sich eben so. Und Sie lassen sich das Gefühl übrigens auch nicht wegnehmen. Selbst wenn das möglich wäre. (Denn die Trauer ist für Sie die einzige Möglichkeit, mit dem Verlorenen noch in Kontakt zu sein. Zumindest erscheint uns das so, wenn wir trauern.)

Wir lassen uns unsere Gefühle, auch die schlimmsten, nicht wegnehmen, weil es unsere eigenen seelischen Regungen sind und es immer einen Grund für sie gibt. Abgesehen davon geht es rein technisch nicht – denn ein Gefühl ist wie gesagt kein Etwas, sondern eine Art, sich zu fühlen.

Da es nun kein Wegnehmen gibt, gibt es eigentlich auch kein Zurückgeben. Es gibt nur ein zurechtrückendes Erkennen. »Ach, das ist ja gar nicht mein Gefühl. Es gehört meiner Mutter.«

Jedoch, wie ich schon sagte: Es gibt im Allgemeinen einen Grund dafür, warum wir das Gefühl eines anderen übernommen haben. Dieser Grund besteht in einem eigenen Gefühl. Die leichteste Art, dieses eigene Gefühl zu entdecken, ist die, sich vorzustellen, man gäbe das fremde Gefühl zurück.

Friedrich: Wenn ich mir vorstelle, ich solle meinem Großvater seine Hilflosigkeit zurückgeben, fühle ich mich wie ein Verräter. Schließlich hat er immer mit mir gefühlt und war immer für mich da.

Friedrich fühlt sich also »wie ein Verräter« bei der Vorstellung des Zurückgebens. Das ist sein eigenes Gefühl. Alles, was er zu tun hat, ist, es bewusst zu fühlen, und zwar im Körper.

Ich habe dann versucht, das »Verräter-Gefühl« bewusst zu fühlen. Es war gar nicht so einfach, zu entdecken, wo es überhaupt saß. Auf eine sehr subtile und doch tiefe Weise erspürte ich es schließlich in der Herzgegend. So ähnlich wie ein schlechtes Gewissen.

Bewusst fühlen bedeutet, aus der Verwechslung von Gefühl und Tatsache zu erwachen und das Gefühl als solches wahrzunehmen.

Durch dieses genaue Hinspüren löste ich mich schließlich aus der Identifikation und merkte, dass »Verrätersein« keine Tatsache, sondern ein Gedanke und Gefühl ist.

Zum bewussten Fühlen gehört auch, dass man die Riegel entfernt, mit denen man sein Herz einst vor diesem Gefühl verschlossen hatte. Das tut man, indem man sich fragt, was es vom Herzen braucht.

Vor allem, merkte ich, brauchte das Verräter-Gefühl erst einmal Erbarmen und Mitgefühl. Und dann wollte es als Gefühl erkannt statt für eine Tatsache gehalten werden. Das war der entscheidende Schlüssel, der mich von der Identifikation befreite.

Sobald man sein Herz für das Gefühl geöffnet hat, das einen am Zurückgeben des Fremdgefühls gehindert hatte, kann man die geistige Prozedur des Zurückgebens problemlos vollenden. Oft bekommt man auch noch eine schöne Erkenntnis, Intuition oder ein befreiendes Bild dazugeschenkt.

Nun konnte ich meinem Großvater seine Hilflosigkeit ohne Weiteres zurückgeben. Im selben Moment hatte ich den Eindruck, dass er sich dadurch erleichtert fühlte. Innerlich winkte ich ihm voller Dankbarkeit zu und verabschiedete mich von ihm. Zurück blieb ein schönes warmes Gefühl im Herzen. Ich merkte, dass ich durch die Liebe mit ihm verbunden war, auch ohne seine Gefühle zu übernehmen.

Schritt acht:
Wieder fühlen lernen

Jedes Gefühl ist mit einem Körperausdruck verbunden. Wird es gefühlt, verschwindet dieser Körperausdruck wieder, wird es nicht gefühlt, wird aus dem Ausdruck ein Eindruck, etwas, das sich einprägt und bleibt. Ein chronischer Körperzustand, ein wiederkehrendes oder bleibendes Symptom. Eine Gewohnheitshaltung oder -spannung. Das gilt sowohl für eigene als auch für fremde Gefühle. Sie erinnern sich vielleicht an Dieter, der mit den Gefühlen seines Großvaters auch die Gewohnheit des Nägelkauens von ihm übernommen hatte?

Während Dieter sich auf den Zustand des Nägelkauens konzentrierte, tauchte das Bild seines Großvaters vor seinem inneren Auge auf. Ja, sein Großvater hatte Sorgen gehabt und er hatte an Kummer gelitten, und es waren diese Gefühle, in denen er verschwand, wenn er an seinen Nägeln kaute.

Ich selbst habe oft versucht, ein als fremd erkanntes Gefühl im Schnellverfahren zurückzugeben – zum Beispiel wenn ich es mitten in einer Situation entdeckte, die meine Aufmerksamkeit erforderte –, und manchmal hat es auch gewirkt, vor allem bei flüchtigen Gefühlsübernahmen. Oft jedoch blieb das Gefühl trotz Rückgabeversuch unverändert bei mir, bis ich es auch im Körper aufgespürt und wirklich gefühlt habe. Ich konzentriere dann meine Aufmerksamkeit und meinen Atem auf den Bereich des Körpers, in dem ich es entdeckt habe, und erlebe es bewusst. Auf diese Weise berührt meine Aufmerksamkeit das Gefühl tatsächlich, anstatt es nur oberflächlich zur Kenntnis zu nehmen.

Die Körperzentrierte Herzensarbeit

Das Erkennen und Zurückgeben fremder Gefühle basiert auf der Methode der Körperzentrierten Herzensarbeit. In diesem Kapitel führe ich Sie Schritt für Schritt in diese Methode ein und schlage vor, dass Sie diese erst anhand eines konkreten Falls üben, bevor Sie die Technik des Zurückgebens lesen und ausprobieren, die ich im Anschluss schildere.

Alle, die die Körperzentrierte Herzensarbeit bereits kennen und praktizieren, können diese Einführung in die Methode natürlich überblättern; jedoch schlage ich vor, dies nur zu tun, wenn Sie es eilig haben, zur Sache zu kommen und etwas zurückzugeben. Sonst kann ein nochmaliges Lesen der Beschreibung der Methode nur dazu dienen, Ihre Kenntnis zu vertiefen. Ich selbst bemühe mich jedes Mal, wenn ich die Methode beschreibe, sie auf eine neue Weise zu betrachten, und finde daher auch andere, neue Möglichkeiten, sie darzustellen.

Diejenigen unter Ihnen, die die Körperzentrierte Herzensarbeit nicht kennen, finden in dieser Einführung genügend Informationen, um sie erlernen und anwenden zu können. Wer sich näher damit auseinandersetzen möchte oder mehr Anleitung braucht, kann mit der CD »Aufwachen und lachen« unter Anleitung üben, ein Seminar bei mir besuchen oder die Bücher studieren, in denen ich die Methode ausführlich beschrieben habe. Chronologisch gesehen, angefangen beim ältesten, sind das: »Das Tao des Herzens«, »Herz öffnen statt Kopf zerbrechen«, »Aufwachen und lachen«, »Der entscheidende Schritt«.

Die Technik

Um diese Methode zu erlernen, müssen Sie sich ein wenig Zeit nehmen. Für den Anfang reicht es, wenn Sie sich für 15 bis 30 Minuten zu diesem Zweck zurückziehen.

Haltung

- Üben Sie im Sitzen, nicht im Liegen. Das Liegen eignet sich gut für Entspannungs- und Tranceübungen, das Sitzen für konzentrierte Aufmerksamkeit. Sitzen Sie auf einem Stuhl oder auf einem Meditationskissen, wie es Ihnen bequem ist. Nehmen Sie eine Haltung ein, in der Sie sich entspannt aufrecht halten können, ohne durch zu große Bequemlichkeit schläfrig zu werden.

- Schließen Sie die Augen.

Die Basis der Übung: Zazen mit geschlossenen Augen

- Spüren Sie Ihren Atem. Spüren Sie Ihren Körper. Nehmen Sie die Sinneseindrücke wahr – Geräusche, Gerüche, optische Eindrücke durch die geschlossenen Lider, Empfindungen. Nehmen Sie jeden Atemzug wahr.

Das Ausgangsthema wählen

- Beobachten Sie, welche Gedanken Sie daran hindern, mit der Aufmerksamkeit beim Atem und bei den Sinneseindrücken zu bleiben. Gibt es ein Thema, das Sie beschäftigt? Ein Problem? Eine Sorge? Ein Ereignis, das Sie nicht vergessen können? Beobachten Sie, welches Thema am lautesten nach Ihrer Aufmerksamkeit ruft. Das ist Ihr »Thema«, dem Sie nun auf den Grund gehen werden. Konzentrieren Sie Ihre Aufmerksamkeit auf die Gedanken und Bilder zu diesem Thema.

- Bleiben Sie bei einem konkreten Bild (einer Erinnerung oder Vorstellung). Das ist Ihre »Ausgangssituation«, mit der Sie nun arbeiten werden.

Den Körperzustand wahrnehmen

- Während dieses Bild in Ihrem Bewusstsein anwesend ist, lenken Sie die Aufmerksamkeit in Ihren Körper hinein. Spüren Sie Ihren Atem und durchstreifen Sie mit der Aufmerksamkeit den ganzen Körper vom Scheitel bis zur Sohle, bis in den Rücken und die Fingerspitzen hinein.

- Gibt es einen Körperbereich, der Ihre Aufmerksamkeit auf sich zieht? Eine Stelle, in der eine besondere Empfindung sitzt? Spüren Sie Ihren Atem und sammeln Sie Ihre Aufmerksamkeit in diesem

Bereich. Lernen Sie den Zustand kennen, in dem dieser Teil Ihres Körpers sich befindet, indem Sie ihn bewusst erleben.

Das Gefühl darin entdecken

- Während Sie diesen Körperzustand bewusst erleben und Ihren Atem spüren – Ihre Ausgangssituation noch vor Augen –, achten Sie nun darauf, wie Sie sich fühlen. Welches Gefühl taucht auf, wenn Sie diese Körperempfindung aufmerksam erleben? Welches Gefühl drückt sich darin aus? Wie geht es Ihnen in diesem Körperzustand?

- Das sind Fragen, die Sie sich selbst stellen können, in dieser oder anderen Formulierungen, wie zum Beispiel: Wie fühlt sich der Teil Ihrer selbst (ein Teil Ihres Körpers ist auch ein Teil Ihrer selbst), bei dem Sie gerade sind?

Das Gefühl kennenlernen

- Nun haben Sie das Gefühl, das Sie in Ihrem Körper entdeckt haben, erkannt und benannt. Verweilen Sie mit diesem Namen in dem betreffenden Körperzustand. Wecken Sie sich aus der Identifikation mit diesem Gefühl auf – sofern Sie noch damit identifiziert sind –, indem Sie bewusst erleben, wie es ist, sich so zu fühlen. Nehmen Sie sich vor, es kennenzulernen. Erforschen Sie es. Sie werden merken, dass das Gefühl dabei aus Ihrem Körper in Ihr Bewusstsein übergeht und beginnt, Ihr Herz zu berühren.

Das Gefühl ins Herz holen

- Um den Vorgang der Herzöffnung weiter anzuregen und zu vollenden, fragen Sie sich nun, was dieses Gefühl von Ihrem Herzen braucht. Bieten Sie auf diese Frage folgende Begriffe (Herzensschlüssel) an:

  - Wahrgenommen werden, gesehen werden, gehört werden
  - Anerkennung (statt geleugnet zu werden)
  - Erlaubnis, da sein zu dürfen
  - Mitgefühl
  - Erbarmen (das heißt, dass Sie sich darum kümmern)
  - Achtung, Respekt
  - Raum
  - Gefühlt werden
  - Als Gefühl wahrgenommen werden (statt als Tatsache)

- Während Sie diese Schlüsselwörter aussprechen oder denken, bleiben Sie mit Ihrer Aufmerksamkeit bei dem entdeckten Gefühl, spüren Sie Ihren

Atem und achten Sie darauf, welches dieser Worte eine Regung – wie beispielsweise Erleichterung oder Erschütterung – in Ihnen auslöst oder etwas zurechtrückt. Das ist ein Zeichen dafür, dass das Herz sich durch diesen Schlüssel geöffnet hat. Manchmal braucht ein Gefühl einen Schlüssel, manchmal mehrere.

- Diese Schlüssel anzuwenden bedeutet, den Riegel zu entfernen, den Sie einst zwischen Ihr Gefühl und Ihr Herz geschoben haben. Sie haben dieses Gefühl aus Ihrem Herzen verbannt, indem Sie sich gesagt haben: Das darf es nicht geben. Oder: Dafür habe ich kein Verständnis. Dafür habe ich nur Verachtung. Das ist lächerlich. Das ignoriere ich einfach. Und so fort.

- Nun ist Ihr Herz für das Gefühl offen, das heißt, Sie können es nun wirklich als Gefühl nicht nur wahrnehmen, sondern auch fühlen, es berührt Sie in Ihrem innersten Kern. Und somit ist der Originalzustand wiederhergestellt – denn ursprünglich war das Gefühl ja eine Regung in Ihrem innersten Kern. Sie sind nicht mehr damit identifiziert. Sie halten es nicht länger für eine Tatsache. Es beherrscht Sie nicht mehr. Sie wissen, dass es ein Gefühl ist, und als solches hat es seinen Platz in Ihrem Herzen bekommen.

Zurück in die Ausgangssituation

- Nun erinnern Sie sich an die Situation, mit der Sie in die Übung eingestiegen sind, die Ausgangssituation. Mit dem neu entdeckten Gefühl im Herzen und im Bewusstsein begeben Sie sich im Geist erneut in die Situation. Beobachten Sie, was vor Ihrem inneren Auge geschieht, wenn Sie diese Situation nun wieder erleben und im Gegensatz zu vorher nicht von diesem Gefühl beherrscht werden, sondern es bewusst fühlen. Merken Sie, dass Ihre Sichtweise sich verändert hat? Oder Ihre Haltung? Würden Sie anders handeln? Sich anders äußern? Oder erleben Sie in Ihrer Vorstellung eine andere Reaktion der Umwelt?

Zurück in die Körperwahrnehmung

- Spüren Sie wieder in Ihren Körper hinein. Was hat sich verändert?

Hier können Sie die Übung abschließen … oder fortfahren.

Oder unterbrechen und an einem anderen Tag fortsetzen.

Denn es gibt sicherlich mehr als ein Gefühl, das an Ihrem Thema beteiligt ist.

Die Nachsorge

- Schreiben Sie sich den Namen des Gefühls auf einen Zettel und legen Sie diesen an einen Platz, an dem er Ihnen jeden Tag ins Auge fällt, auf den Nachttisch zum Beispiel. Das soll Sie daran erinnern, dieses Gefühl noch eine Zeit lang im Auge zu behalten. Von nun an werden Sie es bemerken, wenn dasselbe Gefühl in Situationen wieder ausgelöst wird – und das wird mit ziemlicher Sicherheit bald geschehen.

- Anders als früher werden Sie es wahrscheinlich sofort erkennen und schnell merken, dass es ein Gefühl ist, statt ihm wie früher den Charakter einer Tatsache zu verleihen. Sie werden in der Lage sein, dieses Gefühl mitten in der Situation bewusst und ohne Identifikation wahrzunehmen. Nehmen Sie sich vor, zu beobachten, wie Situationen sich gestalten, wenn Sie dies tun.

Die Fortsetzung

- Sie begnügen sich wahrscheinlich nicht damit, ein Gefühl entdeckt zu haben; Sie wollen Ihrem Thema auf den Grund gehen. In diesem Fall gehen Sie durch dieselben Wahrnehmungsebenen wieder und wieder, bis Sie auf den Grund des Problems gestoßen sind. (Falls es ein Problem ist, das Sie sich anschauen. Man kann sich auch erfreuliche Themen anschauen, in diesem Fall ist der Grund kein Schmerz, sondern ein positives Gefühl. Die Technik ist die gleiche). Also alles noch mal von vorn.

DIE AUSGANGSSITUATION

- Sie denken erneut an Ihre Ausgangssituation (dieselbe wie beim ersten Durchgang).
- Sie lassen dieses Bild und die dazugehörigen Gedanken eine Weile auf sich wirken und wenden sich dann Ihrem Körper zu.

KÖRPERWAHRNEHMUNG

- Sie beobachten, wo sich in Ihrem Körper etwas Besonderes tut, während Sie an diese Situation denken. Beachten Sie, dass der Kopf auch zum Körper gehört (zum Beispiel Stirnrunzeln) und dass sich auch in Organen etwas tun kann oder auf der Haut, nicht nur in Muskeln. Manchmal ist es auch außerhalb des Körpers im Energiefeld oder nur ganz subtil im Körper zu spüren.
- Was immer es ist: Sie konzentrieren Ihre Aufmerksamkeit in dieses Phänomen hinein, während Sie Ihren Atem spüren. Sagen Sie sich, dass dies nicht ein Zustand Ihres Körpers ist, sondern Ihr Zustand, der sich im Körper manifestiert. Lernen Sie ihn kennen.

Das Gefühl wahrnehmen

- Entdecken Sie das Gefühl, das sich darin manifestiert, indem Sie Ihre Aufmerksamkeit darauf lenken, wie Sie sich fühlen, während Sie diesen Körperzustand erleben. Fragen Sie sich einfach. Wie fühle ich mich? Wie geht es mir hier? Wie geht es diesem Teil von mir? Achten Sie darauf, welches Gefühl in Ihnen auftaucht. Geben Sie ihm einen Namen. Gehen Sie mit diesem Namen noch einmal in den Körperzustand hinein und vergleichen Sie. Ist das wirklich dieses Gefühl? Oder heißt es anders? Der Name ist wichtig, wie Sie merken werden. Die richtige Benennung bewirkt Erleichterung. Es ist, als ob das Gefühl sich freut, endlich erkannt zu werden. Nehmen Sie sich Zeit, um es ganz bewusst zu fühlen. Geben Sie ihm Ihre ganze Aufmerksamkeit. Erforschen Sie es.

Dem Gefühl Ihr Herz öffnen

- Fragen Sie sich: Was braucht dieses Gefühl von meinem Herzen? Wahrgenommen zu werden? Da sein zu dürfen? Verständnis? Achtung? Mitgefühl? Erbarmen? Raum? Als Gefühl wahrgenommen zu werden? Gefühlt zu werden? Achten Sie auf die Reaktion. (Mehr nicht! Mehr ist zu viel.) Wiederholen Sie die Schlüsselwörter. Manchmal funktionieren sie in einer bestimmten Reihenfolge.

Zurück in die Ausgangssituation

- Erinnern Sie sich an die Ausgangssituation und beobachten Sie, was in Ihrer Vorstellung geschieht, wenn Sie in dieser Situation das Gefühl bewusst wahrnehmen. Nehmen Sie sich vor, dies auch in der Realität zu tun.

Zurück zum Körper

- Lenken Sie die Wahrnehmung wieder in den Körper. Was hat sich verändert?

- Wenn Sie weiter hinschauen möchten, denken Sie wieder an die Ausgangssituation. Halten Sie Ausschau nach weiteren Symptomen, die sich im Körper manifestieren. Oder nach weiteren Gefühlen, die im Bewusstsein auftauchen.

- Gehen Sie erneut die Schritte durch:

  - Körperzustand wahrnehmen
  - Emotion fühlen
  - Herz öffnen
  - zurück in die Ausgangssituation
  - den neuen Körperzustand wahrnehmen
  - … bis Sie durch das Thema hindurch sind.

- Das erkennen Sie daran,
  - dass Sie das gefunden haben, was Ihnen an der Sache wehtut, den seelischen Schmerz, und Ihr Herz für diesen Schmerz geöffnet haben,
  - dass die Sache für Sie kein Problem mehr darstellt, das Sie emotional reagieren lässt.

Bis dahin sind Sie auf zwei Schichten von Gefühlen gestoßen, eine oberflächliche und eine tiefere. Die oberflächlichere besteht aus den Emotionen, mit denen Sie auf die Situation reagieren und versuchen, dem Schmerz auszuweichen – wie beispielsweise Wut, Ärger, Trauer, Resignation, Verzweiflung, Angst, Verschlossensein. Die tiefere besteht aus dem Schmerz. Das ist das eigentliche Gefühl. Mit all den (negativen = verneinenden) Emotionen versuchen Sie, sich vor diesem Schmerz zu schützen. Was natürlich nichts nützt, denn der Schmerz befindet sich ja bereits in Ihrem Innern. Er tut Ihnen ja schon weh. Sonst würden Sie nicht so darauf reagieren.

Sie haben sich also durch zwei Schichten hindurchgefühlt:

- Emotionen, die vor dem Schmerz schützen sollen (zum Beispiel Wut, Ärger, Zorn, Hass, Rache, Bitterkeit, Verzweiflung, Trauer, Angst, Panik, Ohnmacht, Resignation, Neid, Eifersucht, Blockade, Schock, Nichtfühlen, Kälte, Gleichgültigkeit, Taubheit, Schwäche);

- Schmerz, das heißt, das, was Ihnen eigentlich wehtut. (Sie fühlen sich zum Beispiel im Stich gelassen, verraten, betrogen, allein, getrennt, gedemütigt, erniedrigt, wertlos, Opfer von Unrecht, schlecht, schuldig, abgelehnt, isoliert.)

Ein Fallbeispiel zur Illustration des ganzen Ablaufs bis hierhin

Das Thema

Mariana hatte Streit mit ihrem Freund. Hinterher ist sie abwechselnd wütend und verzweifelt. Nun will sie sich das näher anschauen.

Die Ausgangssituation

Sie denkt an den Moment zurück, als ihr Freund gesagt hat, es gehe sie nichts an, was er tue. (Das war der Augenblick, in dem ihr inneres Drama begann.)

Die Körperempfindung

Zunächst einmal fällt sie von Wut in Verzweiflung und zurück. Nach einer Weile besinnt sie sich darauf, zu atmen, den Körper zu spüren. Nicht in den Gefühlen unterzugehen, bewusste Wahrnehmung einzuschalten.

Sie bemerkt einen Kloß in ihrem Hals, der sehr wehtut. Mit ihrer Aufmerksamkeit versetzt sie sich in den Kloß hinein, während sie ihren Atem spürt.

Die Emotion

Sie entdeckt, dass der Kloß hauptsächlich aus Verzweiflung besteht, die in ihrem Hals stecken geblieben ist.

Sie ist nun in der Lage, die Verzweiflung ganz bewusst vollständig auftauchen zu lassen und zu fühlen, ohne in ihr unterzugehen.

DIE HERZENSSCHLÜSSEL

Als sie die Herzensschlüssel durchprobiert, merkt sie, dass die Verzweiflung zunächst gesehen werden will, Erbarmen braucht, dann Anerkennung und Erlaubnis, auch Verständnis und schließlich als Gefühl wahrgenommen werden will. Nun ist Mariana nicht mehr verzweifelt, sie erlebt die Verzweiflung als ein Gefühl, das in ihrem Herzen anerkannt und aufgehoben ist.

ZURÜCK IN DIE AUSGANGSSITUATION

Sie erinnert sich nun wieder an den schlimmen Moment im Gespräch mit ihrem Freund und stellt sich vor, in derselben Situation nun die Verzweiflung bewusst zu fühlen. Sie merkt, dass sie dann mehr bei sich und für sich da ist und seine Äußerungen nicht mehr so viel Gewicht haben.

ZURÜCK IN DEN KÖRPER

Als sie wieder in den Hals hineinspürt, ist der Kloß verschwunden.

ZWEITER DURCHGANG: AUF DER SUCHE NACH DEM SCHMERZ

Mariana möchte wissen, worüber sie eigentlich so verzweifelt war. Sie versucht, gleich den Schmerz zu entdecken, stößt jedoch zuerst auf ein anderes Oberflächengefühl.

AUSGANGSSITUATION

Sie denkt wieder an jenen Moment und spürt in den Körper hinein.

KÖRPERWAHRNEHMUNG

Sie bemerkt starke Anspannung in den Armen, im Kiefer, in den Beinen.

Emotion

Wut! Da ist eine große Wut über die Bemerkung ihres Freundes.

Herzensschlüssel

Sie merkt, dass die Wut gefühlt werden will, ihre Anerkennung und ihr Verständnis braucht, außerdem Raum und schließlich als Gefühl wahrgenommen zu werden. Als Gefühl braucht sie dann noch Achtung.

Mariana übergeht die nächsten Schritte (zurück in die Situation und zurück in den Körper), um sofort den Schmerz zu finden. Worüber bin ich denn so wütend?, fragt sie sich. Sie probiert es mit der »Abkürzung«, über die sie in Safis Büchern gelesen hat: Was wäre, wenn ich die Wut und die Verzweiflung beiseitelasse und mich der Situation aussetze, ohne mich zu wehren? Sie stellt sich das vor und spürt dann wieder in ihren Körper hinein.

Körperwahrnehmung

Eine subtile Empfindung im Herzbereich meldet sich, ganz leichter Druck von vorn, als würde sie zurückgedrückt.

Gefühl

Als sie sich in diese Empfindung hineinversetzt, entdeckt sie das Gefühl, zurückgewiesen zu sein. Daneben meldet sich noch ein Gefühl des »Abgelehntseins« und auch des »Schockiertseins«. Mariana meint aber, es sei der Moment, sich um den Hauptschmerz zu kümmern, und stellt die anderen erst einmal beiseite. Sie nimmt sich vor, sich später um sie zu kümmern. Sie atmet also in den Herzbereich hinein und lernt das Gefühl von Zurückgewiesensein kennen.

HERZENSSCHLÜSSEL
Keiner der Herzensschlüssel passt zunächst, bis Mariana merkt, dass das »Zurückgewiesensein« nur gefühlt und als Gefühl erkannt werden will (statt weiterhin für eine Tatsache gehalten zu werden). Das bringt enorme Erleichterung.
ZURÜCK IN DIE SITUATION
Als Mariana wieder an die Situation denkt, merkt sie, dass das Verhalten ihres Freundes seine Sache ist und sie nicht wirklich betrifft; es schmerzt sie nicht mehr. Sie hat auf einmal sogar Verständnis dafür und kann seine Haltung respektieren. Sie ahnt, dass er sich ebenfalls durch ihre Haltung zurückgewiesen gefühlt und daher so abweisend reagiert hat.

Am Ende der Arbeit oder auch währenddessen können auch positive Gefühle auftauchen. Diese bitte mit der gleichen neutralen Bewusstheit wahrnehmen, körperlich spüren und ins Herz holen, statt sich einfach damit zu identifizieren und die Bewusstheit darin zu verlieren.

POSITIVE GEFÜHLE

- Wie und wo erleben Sie sie im Körper?
- Was brauchen sie von Ihrem Herzen?
- Wahrgenommen zu werden? Gesehen zu werden?
- Anerkannt zu werden?

- Da sein zu dürfen (Erlaubnis)?
- Achtung?
- Raum?
- Pflege, Zuwendung?
- Als Gefühl wahrgenommen zu werden statt als Tatsache? Gefühlt zu werden?

Das sind die wesentlichen Herzensschlüssel für positive Gefühle.

Fallbeispiel zur Illustration

Karl-Heinz versucht im Seminar, das Thema Scheidung anzuschauen. Seine Frau hat die Scheidung eingereicht. Karl-Heinz ist jemand, der immer versucht, die Dinge positiv und gelassen zu nehmen, und so hat ihm das nicht viel ausgemacht. Aber ihm ist klar, dass er da Gefühle verdrängt, und deshalb ist er ins Seminar gekommen, um sie einmal anzuschauen.

Ausgangssituation

Er denkt an den Moment, als sie ihm das mitgeteilt hat.

Körper

Ihm fällt keinerlei Schmerz oder Spannung im Körper auf, er fühlt nichts Besonderes. Vielleicht eine gewisse Gelöstheit. Karl-Heinz meint erst, das gehöre nicht zum Thema, er wolle ja endlich mal die negativen Gefühle ausgraben. Aber er wird aufgefordert, bei der Gelöstheit zu bleiben und sie erst einmal kennenzulernen.

EMOTION
Gefragt, wie er sich in diesem gelösten Körperzustand fühle, antwortet er: »Gelassen.« Darauf aufmerksam gemacht, dass Gelassenheit auch ein Gefühl ist und er sie einmal bewusst kennenlernen könne, spürt Karl-Heinz seinen Atem und erforscht den Zustand »Gelassenheit« bewusst. »Stimmt«, sagt er dann, »eigentlich ist das auch ein Gefühl.«
HERZ
Was braucht die Gelassenheit von seinem Herzen? »Da sein zu dürfen«, sagt er. »Raum. Ganz viel Raum. Da sein zu dürfen. Anerkennung. Und Achtung.«

Karl Heinz beschließt, die Übung hier abzubrechen, um erst einmal diesem Gefühl (mit dem er vorher unbewusst identifiziert war) ganz bewusst Raum zu geben, bevor er einen nächsten Schritt probiert.

(Am nächsten Seminartag ist er hierzu bereit. Und tatsächlich, nachdem die Gelassenheit ihren Platz in seinem Herzen gefunden hat, ist er nun auch in der Lage, seine Wut und seinen Schmerz auftauchen zu lassen.)

Vor, neben oder unter dem Schmerz kann eine Sehnsucht auftauchen. Sehnsucht ist auch ein Gefühl und soll wie jedes andere Gefühl behandelt werden (auch wenn sie eine Schlüsselrolle in unserer Psyche innehat): körperlich spüren und sich fragen, was sie vom Herzen braucht.

Sehnsucht

- Benennen Sie sie genau und so kurz und ehrlich wie möglich: Ich sehne mich nach … Arbeiten Sie so lange daran, die richtige Formulierung zu finden, bis Sie die Sehnsucht nicht nur gedanklich wahrnehmen, sondern auch spüren können. (Im Allgemeinen wird Sehnsucht als ein Ziehen im Herzbereich erlebt.)

- Fragen Sie sich, was diese Sehnsucht von Ihrem Herzen braucht:

  - Wahrgenommen, gesehen zu werden?
  - Anerkennung?
  - Achtung?
  - Geehrt oder hochgehalten zu werden?
  - Raum?
  - Gefühlt zu werden?
  - Oft/viel wahrgenommen zu werden, Zuwendung?
  - Vom Gedanken der Unmöglichkeit befreit zu werden, unter dem sie eventuell begraben war?

(Prüfen Sie nicht, ob Sie die Erfüllung dieser Sehnsucht für möglich halten, sondern ob der Gedanke, »es für möglich zu halten«, eine Regung in Ihrem Herzen auslöst, sodass es sich der Sehnsucht öffnet.)

Über die Sehnsucht hinaus – der entscheidende Schritt

- Nachdem Sie Ihr Herz für die Sehnsucht geöffnet haben, lenken Sie Ihre Aufmerksamkeit darauf, wie Sie sich die Erfüllung der Sehnsucht ausmalen. Wenn wir uns nach etwas sehnen, erschafft unsere Vorstellungskraft automatisch das ersehnte Ziel. Wir brauchen nur hinzuschauen.

- Stellen Sie sich also vor, Sie wären schon am Ziel Ihrer Sehnsucht, betrachten Sie das Bild bewusst und wenden Sie dieselbe Technik an wie bei allen anderen Gefühlen. Dieses Bild ist nun Ihre Ausgangssituation.

- Spüren Sie Ihren Körper, erleben Sie den besonderen Körperzustand, der sich damit einstellt. Entdecken Sie das (positive) Gefühl darin. Lernen Sie es kennen, fühlen Sie es bewusst.

- Bieten Sie die Herzensschlüssel für die positiven Gefühle an (siehe weiter oben) und achten Sie auf die Reaktion.

- Wahrscheinlich werden Sie ein großes Aha erleben, denn Ihnen wird klar, dass es Ihnen in Wirklichkeit immer nur um dieses Gefühl gegangen ist – das Sie soeben in sich entdeckt und somit geweckt haben.

- Schreiben Sie sich dieses Gefühl auf, um sich daran zu erinnern, es wahrzunehmen. Anders als die gewohnten und bereits unzählige Male erlebten negativen Gefühle hat dieses neu entdeckte positive Gefühl keinen Sog, der Sie automatisch zu ihm hinzieht; es braucht aktive Aufmerksamkeit. Üben Sie, es wahrzunehmen. Sie werden erleben, dass es nach und nach selbstverständlicher Teil Ihres Gefühlsrepertoires wird und Ihr Verhalten, Ihre Ausstrahlung, Ihr Leben verändert.

HIER NOCH EINMAL DIE SCHRITTE DER TECHNIK IN KURZFORM:

- Das Thema wählen
- Den Körperzustand spüren
- Das Gefühl wahrnehmen
- Sein Herz für das Gefühl öffnen
- Zurück in die Ausgangssituation, Veränderung wahrnehmen
- Zurück in den Körper, den neuen Körperzustand wahrnehmen
- Das entdeckte Gefühl notieren und im Leben beachten
- Ende oder nächster Durchgang

HIER NOCH EINMAL DIE GEFÜHLSSCHICHTEN, DENEN SIE BEGEGNEN WERDEN, IN KURZFORM:

- negative Emotionen
- neutrale Emotionen (wie Nichtfühlen, Gleichmut)

- positive Emotionen (wie Freude, Frieden)
- Schmerz (wie Verlust, Alleinsein, Gedemütigtsein)
- Sehnsucht
- positives Gefühl, auf das sich die Sehnsucht bezieht

Ein Fallbeispiel zur Illustration des kompletten Ablaufs

Thema

Erik muss immer wieder erleben, wie seine Frau Entscheidungen trifft, die ihr selbst schaden. Sie lässt sich von ihm nicht beraten. Ihn macht das ganz verrückt.

Ausgangssituation

Erik denkt an eine Situation, in der er vergeblich versucht hat, sie von etwas abzuhalten, das ihm haarsträubend falsch und gefährlich erschien.

Körper

Ihm fällt eine Schwäche in den Armen auf.

Emotion

Ohnmacht. Als er versucht, diese Ohnmacht anzuschauen, schiebt sich erst Ärger dazwischen (für den er im Schnellverfahren sein Herz aufmacht, denn er möchte zur Ohnmacht zurück, die ihn mehr interessiert), dann taucht ein Wunsch auf. Eine Sehnsucht.

Sehnsucht

Erik sehnt sich danach, etwas tun zu können, sie an den falschen Entscheidungen hindern zu können.

Körper

Im Herzen zieht etwas nach vorne, als er sich auf die Sehnsucht konzentriert.

Herz

Die Sehnsucht braucht: wahrgenommen zu werden und vom Gedanken der Unmöglichkeit befreit zu werden (»für möglich halten«).

Nachdem er nun sein Herz für die Sehnsucht, etwas tun zu können, geöffnet hat, fühlt Erik sich imstande, auch das Gefühl von Ohnmacht zuzulassen und zu fühlen. Er geht noch einmal in den Körperzustand dieser Ohnmacht hinein – die Schlaffheit in den Armen –, spürt seinen Atem und beginnt, den Zustand zu erforschen, den er »Ohnmacht« nennt. Jetzt kann er erkennen, dass es ein Gefühl ist und keine Tatsache. Er war so sehr damit identifiziert, dass er sich wie ein Ohnmächtiger verhalten hat und daher auch ohnmächtig war.

Herz

Zusätzlich (dazu, als Gefühl erkannt zu werden, was schon geschehen ist) braucht die Ohnmacht noch: Erlaubnis und Raum. Eigentlich, merkt Erik, sogar Achtung.

Nun erinnert sich Erik daran, dass es noch die Möglichkeit gibt, tiefer in die Sehnsucht hineinzuschauen und sich auf das Ersehnte zu konzentrieren, um herauszufinden, welches Gefühl darin verborgen ist.

Das Ziel der Sehnsucht anschauen

Er denkt also wieder an seine Sehnsucht, etwas tun zu können – die inzwischen nicht mehr so wichtig ist, da er ja entdeckt hat, dass er eigentlich gar nicht ohnmächtig ist –, und stellt sich bildlich vor, wie das aussähe, wie er mit einer großen Klarheit und Autorität seine Frau daran hindert, eine Dummheit zu begehen.

Körper
Er spürt Kraft in den Armen, und diese Kraft ist irgendwie mit dem Herzbereich verbunden, der sich ebenfalls kraftvoll anfühlt.
Positives Gefühl
Als er in diese Kraft hineinspürt und versucht herauszufinden, wie das Gefühl darin heißt, schießt es ihm durch den Kopf: Macht! So fühlt es sich an, Macht zu haben.
Herzensschlüssel
Das Gefühl von Macht braucht zunächst einmal: Erlaubnis – mehr noch, es braucht Rehabilitation (von Verurteilung befreit zu werden), dann Achtung. Gefühlt werden. Raum. Und schließlich, das Wichtigste: als Gefühl erkannt zu werden.
Zurück in die Situation
Mit diesem Gefühl im Herzen denkt Erik wieder an die Ausgangssituation. Er merkt, dass er nun seiner Frau auf gleicher Höhe gegenübersteht (vorher hatte er sich durch die Identifikation mit Ohnmacht kleiner gemacht), ihr in die Augen schauen und ihr seinen Standpunkt klarmachen kann.
In der realen Situation
Kurz danach unterhält er sich mit seiner Frau, und dabei berichtet sie ihm, dass sie es sich anders überlegt hat. Sie wolle auf seinen Rat hören und die Aktion abblasen.

Wie man bei der Herzensarbeit ein Fremdgefühl entdeckt

Wenn das Herz nicht aufgeht, obwohl man

- Essenz und Sinn der Übung verstanden hat,
- das Gefühl körperlich und emotional kennengelernt hat,
- den Atem spürt
- und die Herzensschlüssel ausprobiert hat,

kann dies folgende Gründe haben:

a) Man nimmt das Gefühl nicht wahr, sondern ist damit identifiziert (in diesem Fall zurück zur Körperwahrnehmung und es noch gründlicher und genauer erforschen, in dem Bewusstsein, dass Sie gerade dabei sind, ein Gefühl kennenzulernen).

b) Die Herzensschlüssel brauchen eine andere Reihenfolge; manchmal braucht ein Gefühl es zum Beispiel zuerst, »als Gefühl wahrgenommen zu werden«, und dann die anderen Schlüssel, oder es braucht erst »Achtung«, und dann kann man erst mit »Erbarmen« etwas anfangen. Das heißt, es ist nützlich, die Herzensschlüssel noch ein zweites Mal anzubieten und genau auf die Reaktion zu achten.

c) Sie sind mit Ihrer Aufmerksamkeit nicht im Körper und nicht beim Gefühl, sondern im Kopf, das heißt, Sie nehmen das Gefühl nur zur Kenntnis, fühlen es aber nicht; in diesem Fall zurück zur Körperwahrnehmung.

d) Das Gefühl ist nicht richtig erkannt: Der Name stimmt nicht. Prüfen Sie das, indem Sie mit dem Namen (zum Beispiel »Ärger«) in den betreffenden Körperbereich hineinspüren und feststellen, ob Körperzustand und Gefühl »deckungsgleich« sind. Ist das Gefühl richtig benannt, merkt man es an einer Art Erleichterung (die sehr subtil sein kann). Es ist die Erleichterung, wie sie jemand empfindet, der endlich gesehen und erkannt wird.

Ist aber bis hierher alles richtig gelaufen – Sie haben gespürt und gefühlt, der Name stimmt, und die Herzensschlüssel wurden zweimal angeboten –, dann ist die Wahrscheinlichkeit groß, dass Sie gerade versuchen, ein Gefühl in Ihr Herz zu holen, das dort nicht hineingehört – sondern ins Herz einer anderen Person, von der Sie es unbewusst übernommen haben.

Fragen Sie sich also an dieser Stelle: Gehört dieses Gefühl eigentlich mir? Oder habe ich es von jemandem übernommen? Von wem?

Versuchen Sie nicht, die Frage zu beantworten, indem Sie darüber nachdenken, sondern achten Sie auf die Antwort, die spontan in Ihnen auftaucht. Meistens weiß man es sofort. »Das gehört meinem Bruder.«

Es kann auch vorkommen, dass Sie erkennen, dass es sich um ein übernommenes Gefühl handelt, aber keine Idee haben, von wem Sie es übernommen haben könnten. In diesem Fall haben Sie wenigstens die wichtigste Erkenntnis gewonnen: Das gehört mir gar nicht. Ich muss daher auch nicht weiter versuchen, es ins Herz zu holen. Es gehört in das Herz von jemand anderem.

Manchmal taucht der Verdacht auch an viel früherer Stelle schon auf. Vielleicht wenn Sie das Gefühl gerade erst entdeckt haben, meldet sich die innere Stimme und sagt: »Das gehört in Wirklichkeit deiner Mutter.« Beachten Sie diese Stimme.

Weitere Zeichen dafür, dass es sich um ein fremdes Gefühl handelt:

- Es taucht immer wieder hartnäckig auf, obwohl Sie es schon oft »bearbeitet« haben, und ergreift Sie in unveränderter Weise. (Wenn man sein Herz für ein Gefühl geöffnet hat, soll es zwar nicht verschwunden sein, sondern im Gegenteil da sein dürfen, anerkannt werden und somit seinen Platz im Herzen bekommen, aber das eigene Verhältnis zu diesem Gefühl hat sich verändert. Man ist nicht mehr damit identifiziert, und daher ergreift es uns nicht in gleicher Weise. Manchmal verschwindet es auch aus der Sicht und taucht nicht wieder auf, weil wir nun anders reagieren.)

- Man kommt gar nicht erst bis zu dem Versuch, sein Herz zu öffnen, weil man gleich in die Identifikation mit dem Gefühl hineinstürzt und nicht wieder hinausfindet, auch wenn irgendwo am Rand Bewusstheit vorhanden ist.

- Es fühlt sich klebrig an.

- ❤ Man merkt, dass man gar keinen rechten Grund für das Gefühl hat und es einem eigentlich fremd ist.

Hier noch einmal in Kurzform alle Zeichen dafür, dass ein Gefühl ein übernommenes sein könnte:

- Die Ahnung stellt sich ein.
- Man bleibt damit identifiziert, obwohl man bewusst wahrnimmt.
- Die Herzensschlüssel bewegen nichts.
- Es ergreift einen in immer derselben Form, obwohl man damit schon Herzensarbeit gemacht hat.
- Es ist einem fremd und unverständlich.
- Es fühlt sich klebrig an.

Wohlgemerkt: Wenn eines oder mehrere dieser Kriterien zutreffen, kann das ein Hinweis darauf sein, dass es sich um ein Fremdgefühl handelt – aber kein Beweis. Ob es wirklich fremd oder eigen ist, stellen Sie fest, indem Sie es zurückgeben und beobachten, was dabei und danach geschieht.

Die Technik des Zurückgebens

Bevor Sie ein fremdes Gefühl zurückgeben können, müssen folgende Voraussetzungen erfüllt sein:

- Sie haben es korrekt benannt.
- Sie haben es nicht nur zur Kenntnis genommen, sondern auch als körperliche Empfindung (mit bewusstem Atem!) erlebt.
- Während Sie die Rückgabe starten, spüren Sie Körper und Atem und sind mit dem Gefühl in Kontakt.

❤ Rufen Sie nun im Geist die Person, von der Sie glauben, es übernommen zu haben. Falls Sie keinerlei Idee haben, wer das sein könnte, rufen Sie einfach die unbekannte Person, der das Gefühl in Wirklichkeit gehört. (Sie muss für Sie nicht erkennbar in Erscheinung treten.)

❤ Spüren Sie Ihren Atem und fühlen Sie die betreffende Emotion ganz bewusst, während Sie im Geist zu der Person sagen: »Ich habe hier dieses Gefühl (benennen Sie es) und ich habe gemerkt, dass es eigentlich deines ist. Ich gebe es dir hiermit zurück.« Stellen Sie sich bildlich vor, ihr das Gefühl zu übergeben (wobei das natürlich nur ein Bild ist, denn ein Gefühl ist kein Gegenstand) oder es einfach vor sie hinzulegen.

Wichtig: Ob der andere das Gefühl zurücknimmt oder nicht, ist seine Angelegenheit! Es ist ja sein Gefühl, es steht ihm frei, es wahrzunehmen oder zu ignorieren. Damit haben Sie jetzt nichts mehr zu tun.

- Ihre Aufgabe ist nun, darauf zu achten, wie sich das für Sie selbst anfühlt. Spüren Sie in Ihren Körper hinein.

- Lenken Sie Ihre Aufmerksamkeit darauf, wie Sie sich mit beziehungsweise nach der Rückgabe fühlen.

  - Erleichtert? Befreit?
  - Schuldig?
  - Schlecht?
  - Unsicher?
  - Wütend?
  - Froh?
  - Frei?
  - Oder taucht Angst auf? Welche? Dass die Person Sie dann nicht mehr liebt, nicht mehr braucht, ablehnt oder verlässt? Oder dass sie zu schwach sein könnte, um dieses Gefühl zu tragen? Oder Angst vor Schuld oder Verurteilung?
  - Oder taucht Mitleid auf?

Was immer sich jetzt in Ihnen an Gefühlen zeigt – ob negativ oder positiv oder beides: Machen Sie diese zum Gegenstand der Körperzentrierten Herzensarbeit. Nehmen Sie sie wahr, erleben Sie sie körperlich, fühlen Sie sie als Emotion und öffnen Sie Ihr Herz dafür.

Manchmal merkt man, während man sich die Rückgabe vorstellt, dass das Gefühl irgendwie nicht zu dieser Person passt; man gewinnt den Eindruck, dass es nicht ihr, sondern einer anderen Person gehört. Meistens taucht dabei eine Ahnung auf, wer das sein könnte. Dann ruft man eben diese andere Person (bekannt oder unbekannt) herbei.

Manchmal hat man den Eindruck, dass der andere das Gefühl nicht zurücknimmt. In diesem Fall kann man es ihm einfach vor die Füße legen und es ihm überlassen, zu entscheiden, was er damit tun will. Das ist seine Angelegenheit – Ihre ist es, sich Ihren eigenen Gefühlen zuzuwenden.

Optional: Sie können natürlich vor der Rückgabe Ihr Herz für die Emotion des anderen öffnen, indem Sie die Herzensschlüssel durchprobieren. Man kann ja sein Herz auch für die Gefühle anderer aufmachen. Das funktioniert allerdings nur, wenn man erkannt hat, dass das Gefühl einem anderen gehört. Solange man das nicht weiß und denkt, es sei das eigene Gefühl, greifen die Herzensschlüssel nicht (siehe oben). Sobald man aber verstanden hat, wem das Gefühl eigentlich gehört, geht einem im Allgemeinen sehr schnell das Herz dafür auf. Es sei denn, es steht ein eigenes Gefühl im Weg, zum Beispiel wenn man wütend auf die Person ist und ihr am liebsten ihr Gefühl vor die Füße knallen würde. In diesem Fall muss man erst seine Wut ins Herz holen.

Ein Fallbeispiel zur Illustration der Rückgabe

Renate, eine große, gut aussehende Frau mit wachem Blick, gebildet und intelligent, legt eine Schüchternheit an den Tag, die irgendwie nicht zu ihrem Aussehen passen will. Sie leidet darunter, dass Menschen sie nach ihrem Äußeren als stark und überlegen einschätzen und manche ihr gegenüber ängstlich oder neidisch sind, während sie ihrerseits eher scheu und ängstlich ist.

Sie schaut sich dieses Thema in einer Sitzung mit Körperzentrierter Herzensarbeit an.

Als Ausgangssituation nimmt sie die Begegnung mit einem Mann, den sie attraktiv fand, dem gegenüber sie sich aber übertrieben schüchtern verhielt, was sie selbst stört.

Sie wendet sich zuerst dem Teil ihrer selbst zu, der sich gestört fühlt. Dabei entdeckt sie in ihrer Magengegend einen Ärger über sich selbst und im Herzbereich eine Sehnsucht danach, sich ungehemmt ausdrücken zu können. Nachdem sie für diese beiden Gefühle ihr Herz geöffnet hat, nimmt sie sich vor, ihre Schüchternheit genauer kennenzulernen. Als sie sich darauf konzentriert und in ihren Körper hineinspürt, merkt sie, dass sie sich befangen und gehemmt fühlt. Zum ersten Mal in ihrem Leben nimmt sie dies nicht als selbstverständlich hin, sondern schaut es bewusst an. Dabei erkennt sie, dass es ihr eigentlich fremd ist. Es ist doch gar nicht ihre eigene Art, sich so zu fühlen! Während sie das denkt, kommt ihr das Bild ihrer Tante in den Sinn.

Diese Tante hatte ihr in ihrer Kindheit und Jugend sehr nahegestanden, sie hatte bei ihr Schutz und Zuflucht gesucht, wenn zu Hause alles wie so oft voller Stress und Aggression war. Diese Tante war von sanftem und schüchternem Wesen. Renate erkennt sofort, dass sie diese Befangenheit von ihr übernommen hat.

Sie ruft also die Tante im Geist herbei und gibt ihr das Gefühl von Befangenheit zurück. Sie hat dabei den Eindruck, dass die Tante darüber erleichtert ist.

Als sie sich dann sich selbst zuwendet und in ihren Körper hineinspürt, um festzustellen, wie sie sich mit der Rückgabe fühlt, merkt sie, dass ihr Körper sich entspannt und zugleich gestrafft hat. Sie versucht, das neue Gefühl zu benennen, und merkt, dass es »Selbstbewusstsein« heißt. Renate erforscht nun zum ersten Mal, was es heißt, sich selbstbewusst zu fühlen. Als sie ihr Herz dafür öffnen möchte, schiebt sich eine Art schlechtes Gewissen davor, als sei es nicht erlaubt, sich so zu fühlen, fast als müsse man sich dafür schämen. Sie merkt, dass auch dieses schlechte Gewissen und diese Scham ihrer Tante gehören, und gibt diese Gefühle ebenfalls an sie zurück.

Nun kann sie ihr Herz für das neu entdeckte, »Selbstbewusstsein« getaufte Gefühl öffnen. (Es braucht: Wahrnehmung, Erlaubnis, Anerkennung, Achtung, Raum, als Gefühl wahrgenommen zu werden.)

Renate erkennt, dass dieses Selbstbewusstsein viel mehr ihrer eigenen Art entspricht als die Schüchternheit. Sie fragt sich, warum sie eigentlich die Gefühle ihrer Tante übernommen hatte? Bei der Rückgabe waren ja keine eigenen Gefühle aufgetaucht, die sie daran gehindert hätten, ihrer Tante ihre Gefühle zurückzugeben. »Aus Verbundenheit«, lautet die Antwort, die ihr in den Kopf kommt. Renate ist erfahren genug in der Körperzentrierten Herzensarbeit, um auch diese Verbundenheit nicht einfach als Tatsache hinzunehmen, sondern als Gefühl wahrzunehmen und ihr Herz dafür zu öffnen. Sie merkt, dass das Gefühl von Verbundenheit wahrgenommen und gewürdigt werden möchte und einen Platz in ihrem Herzen braucht.

Jetzt erst kann sie sich von ihrer Tante verabschieden und sie mitsamt den zurückgegebenen Gefühlen gehen lassen, wobei sie beiderseits Liebe und Dankbarkeit wahrnimmt.

Die Rückgabe noch einmal in Kurzform

- Das betreffende Gefühl mit bewusstem Atem im Körper spüren.
- Sich die Person, der es (wahrscheinlich) gehört, vorstellen und ihr das Gefühl im Geist zurückgeben (falls die Person nicht bekannt ist, an »Unbekannt« zurückgeben) oder es vor sie hinlegen.
- Nach der visualisierten Rückgabe Atem und Körper spüren und darauf achten, wie man sich fühlt.
- Für dieses Gefühl (egal ob positiv oder negativ) sein Herz öffnen, indem man prüft, was es braucht (Herzensschlüssel durchprobieren).

Falls die Rückgabe unmöglich erscheint

- Die Gründe formulieren und damit dann Körperzentrierte Herzensarbeit machen, das heißt die dazugehörigen Gefühle im Körper aufspüren (siehe Kapitel »Die Körperzentrierte Herzensarbeit) und ins Herz holen. Dies so lange wiederholen, bis man mit keinerlei eigenen Gefühlen in Bezug auf die Sache mehr identifiziert ist. Dann ist die Rückgabe problemlos möglich. Falls nicht, hat man sich vielleicht die falsche Person vorgestellt. In diesem Fall fragt man sich, wem das Gefühl denn sonst noch gehören könnte, und probiert die Rückgabe erneut oder gibt es einfach an »Unbekannt« zurück („wem auch immer es gehört«).

Falls sich nach der Rückgabe nichts geändert hat

- Davon ausgehen, dass es vielleicht doch ein eigenes Gefühl ist, und noch einmal die Schritte der Körperzentrierten Herzensarbeit durchgehen (Körperempfindung bewusst erleben, Emotion bewusst fühlen – mit Atem! –, Herzensschlüssel durchprobieren). Eventuell Varianten der Herzensschlüssel probieren: das heißt Schlüsselwörter, die sinngemäß das Gleiche oder Ähnliches bedeuten, wie zum Beispiel:
  - »da sein dürfen« oder »von Verurteilung befreit werden« statt »Erlaubnis«
  - »Respekt« oder »Würdigung« statt »Achtung«
  - »beachten« oder »sehen« statt »wahrnehmen«
  - etc.

- Probieren Sie es niemals mit Wörtern, die etwas grundsätzlich anderes bedeuten! »Vertrauen«, »Mut«, »Dankbarkeit« etwa sind keine Herzensschlüssel! Auch das Wort »Liebe« benutze ich nicht als Herzensschlüssel, weil es so viele Nebenbedeutungen hat und manchmal als subtile Verdrängungsart benutzt wird.

- Ein Herzensschlüssel ist etwas, womit man die Tür des Herzens für das betreffende Gefühl öffnet, und es bezeichnet die Gegenbewegung zu derjenigen, mit der man sie einst vor diesem Gefühl verschlossen hat. Heißt das Gefühl etwa Angst und man hat sie verdrängt, weil man in der Familie gelernt hat, dass Angst verachtet wird oder nicht existieren darf oder geleugnet wird, dann braucht die Angst (in der Reihenfolge dieser Aufzählung) Achtung oder Erlaubnis oder Anerkennung.

- Falls das Gefühl nach der Rückgabe zwar leichter geworden, aber immer noch vorhanden ist, ist es teils fremd, teils ein eigenes Gefühl. Der fremde Anteil ist nun aus Ihrem Körper und Energiefeld verschwunden, aber der eigene ist noch da. Spüren Sie es noch einmal bewusst und prüfen Sie, was es von Ihrem Herzen braucht.

Fallbeispiel zur Illustration einer leichten und einfachen Rückgabe

Elisabeth: Vor 20 Jahren ist meine Mutter gestorben. Ich hatte eine sehr enge und liebevolle Beziehung zu ihr. Meine Mutter war immer sehr ängstlich, wenn es um uns Kinder ging. So konnte sie nie einschlafen, wenn wir vom Ausgang noch nicht zurück waren. Oder wenn ich in einem Konzert spielte, fragte sie mich vorher immer, ob ich das Musikstück auch wirklich so gut beherrsche, was mich immer sehr ärgerte und verunsicherte. Auf diese Weise übertrug meine Mutter ihre Ängste und Unsicherheitsgefühle immer wieder auf mich, sodass ich sie zu den meinen machte und selbst auch ängstlich und unsicher wurde.

Bei einer Partnerübung in Körperzentrierter Herzensarbeit arbeitete ich an dem Thema und fragte mich, sind denn das wirklich meine Gefühle oder habe ich sie übernommen? Dabei wurde klar, dass ich von Natur aus gar nicht so ängstlich bin, dass diese Angstgefühle gar nicht zu mir gehören. So konnte ich sie meiner Mutter zurückgeben.

Ich sah im Geist meine Mutter vor mir stehen mit einem Korb, und ich legte alle Angstgefühle in diesen Korb. Sie streckte mir den Korb hin mit dem Angebot, dass ich alle noch später auftauchenden Gefühle, die nicht meine, sondern ihre sind, hineinlegen dürfe.

Ich war so erleichtert. Diese Erleichterung konnte ich ins Herz nehmen.

Mit dem »Zurückgeben von Gefühlen« ist bei mir eine Ruhe eingekehrt, und nun fliegt mir immer ein schmunzelndes »Aha« über das Gesicht, wenn mal wieder ein Gefühl aufkommt, das nicht zu mir gehört.

Wie sich das Zurückgeben von Fremdgefühlen auswirkt: zwei Wandlungsbeispiele

Sie erinnern sich vielleicht an Anne, die das Trauergefühl, das bei ihr immer wieder auftauchte, eines Tages als ihrer Mutter gehörig erkannte und zurückgab. Anne berichtete mir, wie es ihr danach erging.

> Anne: Nun, ich habe mich erst mal von einer schweren Last befreit gefühlt, weil ich das alte Muster ins Bewusstsein geholt und auf den Weg zur Heilung gebracht habe. Ich fühle mich innerlich ruhiger. Es fühlt sich an, als ob ich mir auf dem Weg zu mir selbst ein Stück nähergekommen bin.

Vor dieser angenehmen Wandlung gab es allerdings erst noch einige Turbulenzen.

> Anne: Ich war ja am Anfang der Sitzung von einer Energieblockade im Körper ausgegangen. Die einzelnen Gefühle, die während der Sitzung auftauchten, zeigten wie erwartet auch körperliche Symptome. Beim Auflösen des gesamten »Gefühlskloßes« war in meinem Körper aber plötzlich ein Energiechaos. Alles wirbelte herum, besonders im Kopf, als ob sich mit dem Auflösen alles neu ordnen müsste, um ein neues Energiegleichgewicht im Körper herzustellen. Das von der Beobachterposition anzuschauen war spannend, und es brauchte einige Zeit, bis Ruhe einkehrte.

Nachdem man sich von einem Gefühl, das man in der Kindheit von einem Angehörigen übernommen hatte, gelöst hat, muss natürlich erst einmal eine Neuorientierung vorgenommen werden. Zu dem Gefühl gehören Gedanken beziehungsweise Überzeugungen, die ebenfalls ja nicht die eigenen sind. Die Frage stellt sich nun: Wer bin ich ohne diese Überzeugungen und Gefühle? Welches sind wirklich meine eigenen Gedanken und Gefühle? In der Zeit nach der Rückgabe (ebenso allerdings wie in der Zeit nach einer einfachen Herzensarbeit) ist es daher geraten, besonders aufmerksam auf seine Gefühle zu achten. Manchmal erscheint die Veränderung zunächst beängstigend, wie bei Ralf:

Ralf: Nachdem ich entdeckt hatte, dass die Wut, die Traurigkeit und das zugrunde liegende Gefühl von Ungerechtigkeit – Gefühle, mit denen ich mich zeitlebens identifiziert hatte – in Wirklichkeit meinem Vater gehört hatten, war ich zunächst ein wenig verunsichert. Es erschien mir, als würde nichts von mir übrig bleiben, wenn ich meinem Vater diese Gefühle zurückgeben würde. Immerhin hatte ich mich ja ganz stark damit identifiziert. Ich schrak daher ein wenig vor der Rückgabe zurück. Glücklicherweise kam ich auf die Idee, dass dieses Zurückschrecken ja auch ein Gefühl war und ich es ja bewusst anschauen könnte, statt mich damit zu identifizieren. Ich erkannte es als »Angst« und konnte mein Herz dafür öffnen.

Es gelang mir dann, meinem Vater seine Gefühle zurückzugeben.

Es dauerte eine Zeit lang, bis ich in meinem Alltagsleben die Veränderung bemerkte. Ungerechtigkeit brachte mich nicht mehr so sehr auf die Palme; überhaupt war ich nicht mehr so sehr auf dieses Thema fixiert wie vorher. Plötzlich gab es auch andere Interpretationsmöglichkeiten als »Ungerechtigkeit«. Ich erkannte daher, wie sehr ich durch die Fixierung auf dieses Thema eingeschränkt gewesen war; wie sehr ich mir etwas vorgemacht hatte, indem ich mir einbildete, ein besonders guter Mensch zu sein, weil ich so traurig und wütend über Ungerechtigkeit war. Und erkannte dann, dass das alles eigentlich Erkenntnisse waren, die meinen Vater betrafen, denn das alles hatte ich ja von ihm übernommen. Ich dachte mir, vielleicht hat er ja etwas davon, dass mir jetzt alle diese Lichter aufgehen, vielleicht bekommt er das ja irgendwie mit. (Ralfs Vater ist bereits vor Jahren gestorben.)

Sich von allen Fremdgefühlen befreien: Warum Rundumschläge wirkungslos sind

Vielleicht hat Sie die Sache mit den Fremdgefühlen so sehr angesprochen und ich habe Sie so gut davon überzeugt, dass es sich lohnt, sie loszuwerden, dass Sie sich nun auf einen Schlag von allen fremden Gefühlen befreien möchten. Sie probieren es vielleicht mit einem rituellen Rundumschlag. »Hiermit gebe ich alle fremden Gefühle, die in mir sind, zurück …« Oder: »Hiermit gebe ich meiner Mutter alle Gefühle zurück, die ich von ihr übernommen habe.«

Meiner Erfahrung nach funktioniert das nicht auf diese Weise. Sie können es natürlich probieren und schauen, was dabei herauskommt. Ich muss Ihnen leider sagen, dass ich in früheren Jahren (als ich noch weniger Erfahrung hatte) schon viele verschiedenartige radikale geistige Rundumschläge gemacht habe, und obwohl ich jedes Mal hochmotiviert, hochkonzentriert, begeistert und inspiriert war, ist in der Praxis des täglichen Lebens nichts dabei herausgekommen, jedenfalls nichts, was mir aufgefallen wäre. Was jedoch immer wieder eine große und klar feststellbare Wirkung hatte, war, wenn ich ein einzelnes Gefühl entdeckt, als fremd erkannt und zurückgegeben hatte.

Getrieben von dem Wunsch, sich von allen Fremdgefühlen zu befreien und endlich »Sie selbst« zu sein, können Sie natürlich anfangen, nach jenen Gefühlen Ausschau zu halten, die Sie eventuell von Vater, Mutter oder anderen Personen übernommen haben könnten. Vergessen Sie jedoch nicht, dabei immer »körperzentriert« vorzugehen, das heißt, dass bei Ihren Betrachtungen die Wahrnehmung von Körper und Atem und nicht Ihre Gedanken und Vorstellungen im Mittelpunkt stehen sollen (sonst riskieren Sie, sich alles nur einzubilden und nicht wirklich etwas zu bewegen).

Ich rate allerdings zu einer anderen Vorgehensweise.

Erstens: Werden Sie sich erst einmal Ihres Wunsches nach Befreiung bewusst, anstatt damit identifiziert zu bleiben. Spüren Sie die Sehnsucht, die darin enthalten ist, und öffnen Sie Ihr Herz dafür, indem Sie prüfen, was sie von Ihnen braucht. Damit haben Sie die Erfüllung Ihres Wunsches in der bestmöglichen Weise auf den Weg gebracht.

Zweitens: Suchen Sie nicht nach Fremdgefühlen, sondern behalten Sie einfach den Gedanken im Hinterkopf, dass es welche geben könnte und dass sie Ihnen im richtigen Moment auffallen werden.

Drittens: Üben Sie regelmäßig oder nach Bedarf Körperzentrierte Herzensarbeit. Das heißt, anstatt über Ihre Probleme nachzudenken und Lösungen zu suchen, spüren Sie Körper und Atem und öffnen Sie Ihr Herz für Ihre Gefühle. Dabei wird Ihre Intuition Sie darauf aufmerksam machen, wenn Sie auf ein fremdes Gefühl stoßen.

Die von anderen übernommenen Gefühle finden Sie nicht im Kopf, indem Sie darüber nachdenken, sondern Sie finden sie im Körper, wenn Sie sich die alltäglichen Vorfälle, die Ihnen Kopfzerbrechen bereiten, mit der Technik der Körperzentrierten Herzensarbeit anschauen. Wie ich es selbst gemacht habe im folgenden Beispiel.

Die Sonne scheint von einem tiefblauen Himmel herab. Die Bäume rauschen sanft im Wind, Vögel zwitschern, und ich bin damit beschäftigt, im Garten Unkraut zu rupfen. Als ich aufschaue, sehe ich meinen Mann auf mich zukommen. Aus dem Wunsch heraus, mein Glück mit ihm zu teilen, laufe ich auf ihn zu und umarme ihn. Ich spüre, dass mein liebevoller Impuls fehlinterpretiert wird. Er hat den Eindruck, ich wolle

»Streicheleinheiten« holen, und ich habe den Eindruck, dass er das anstrengend findet. (Später wird er mir erzählen, dass er in jenem Moment von zu viel Elektrosmog erschöpft war, aber in diesem Moment weiß ich das noch nicht.) Er rubbelt mir den Rücken ein paarmal und schiebt mich mit einem entschiedenen »So!« zur Seite. Fehlt nur noch, dass er sagt: »Erledigt.« Mit einem Schlag hat mein innerer Himmel sich verfinstert. Ich winke ihm kurz zu und verschwinde in Richtung hinterer Garten, wobei das Drama sich in mir aufzubauen beginnt, sodass ich nicht bei meinem Unkraut stehen bleibe, sondern weit, weit fortlaufe, um allein zu sein. Ich bin wütend. Wütend ist gar kein Ausdruck – ich habe eine Mordswut. Ich habe bereits Bewusstheit eingeschaltet, jedoch die Wut baut sich weiter und weiter auf. Mir bleibt nichts anderes übrig, als stehen zu bleiben, die Augen zu schließen und ihr meine ganze Aufmerksamkeit zu widmen.

Atmen. Fühlen. Die Wut spüren. Mit allen Fasern. Sie braucht Verständnis, merke ich, und Respekt. Was macht mich eigentlich so wütend? Wie habe ich mich eigentlich wirklich gefühlt in dem Moment, da er mir den Rücken getätschelt hat wie einem Hund, den man dann mit einem Klaps verabschiedet – aha, dieser Gedanke verrät es mir: gedemütigt. Ich vertiefe mich dann aufmerksam in das Gefühl und finde das genauere Wort, nicht gedemütigt, sondern verachtet. Diesem Gefühl von Verachtung folgt auf dem Fuß die Selbstverachtung. Ich verachte mich dafür, dass ich mich immer wieder in Situationen begebe, in denen ich verächtlich behandelt werden kann. Es ist, als suche ich sie geradezu, und dafür verachte ich mich. Ich fühle die Selbstverachtung bewusst. In diesem Moment kommt mir meine Mutter in den Sinn.

Die Situation in dem einen, ersten Jahr meines Lebens, in dem sie bei mir war. Mir wird deutlich, dass ich damals genau die Situation erlebt habe, die ich in den kleinen Vorfall von vorhin hineininterpretiert habe: Meine Mutter, die zu Tode deprimiert war, musste mich mit Zuwendung versorgen und fand das anstrengend. In diesem Moment wird mir klar, dass sie keine wirkliche Beziehung zu mir hatte – wenn man eine Liebesbeziehung zueinander hat, ist man sozusagen auf gleicher Höhe, und es gibt einen Austausch; sie aber betrachtete ihre Zuwendung als Einbahnstraße, als etwas, was sie geben musste, und konnte meine Liebe nicht wahr- und annehmen. Dadurch stand ich als »Nurempfängerin« sozusagen unter ihr, und das ist das Gefühl, das ich soeben entdeckt und »Verachtung« getauft hatte. Hinzu gesellt sich das Gefühl der Wertlosigkeit. Nun beginne ich mit der Rückgabe.

Als Erstes erkenne ich, dass es ihr Gedanke ist und nicht meiner, dass es anstrengend sei, mir Zuwendung zu geben. Ich des-identifiziere mich davon, gebe ihn ihr also zurück. Dann kommt mir in den Sinn, dass meine Mutter sich selbst verachtet hatte. Das ganze kleine Gefühlsdrama, das sich vorhin abgespielt hat, war nicht nur mein Kindheits-, sondern auch ihr Ehedrama gewesen – sich dem Geliebten annähern und von ihm wie etwas Lästiges betrachtet und weggeschoben werden.

Ich gebe ihr also das Gefühl der Selbstverachtung zurück. Daraufhin wird es mir leichter ums Herz. Die Verfinsterung verschwindet. Ich frage mich, ob es in diesem Zusammenhang nicht eine Sehnsucht nach Achtung und Wertschätzung gibt? Es gibt sie, und ich öffne ihr mein Herz (und bin mir bewusst, dass ich das zugleich stellvertretend für meine verstorbene Mutter tue, die ja solche Gefühlsarbeit nicht kannte). Darüber entdecke ich schließlich das Gefühl, um das es eigentlich geht: Selbstwert. Das Gefühl, wertvoll zu sein. Ich hole es ins Herz. Empfinde es in diesem Moment als etwas Wertvolles, dieses Gefühl, »wertvoll zu sein«, in meinem Herzen zu tragen. Verstehe im Nachhinein viel besser, warum Situationen dieser Art mich immer in solche Dramen gestürzt haben. (Mal abgesehen davon, dass das Gefühl meiner Mutter mein eigenes verstärkt hatte.) Wenn man das Gefühl, wertvoll zu sein, nicht kennt, ist der eigene Wert vollständig vom Verhalten anderer abhängig. Empfinde viel Mitgefühl mit mir, mit meiner Mutter und allen, die dieses Problem haben.

Überflüssig zu sagen, dass ich danach vom Bann der schrecklichen Gedanken und Gefühle befreit war und das Verhalten meines Mannes einfach als etwas sehen konnte, was ihn betraf und nicht mich, und zudem erhielt ich eine einfache Erklärung dafür. Er litt in jenem Moment gerade an einem Schwächeanfall.

Das ist übrigens ein Beispiel dafür, wie blind wir für die Gefühle und Bedürfnisse unserer Mitmenschen sind, wenn wir von einem eigenen oder fremden Gefühl besessen sind!

Komplexe Verhältnisse: von Mehrfachübernahmen, Übertragungsketten und Besetzungen

Es kommt vor, dass wir von einem Menschen nicht nur ein Gefühl, sondern ein Gefühlspaket übernehmen, und, mehr noch, dass wir dasselbe oder ein ähnliches Gefühlspaket von mehreren Menschen übernehmen. Der Grund liegt dann im Allgemeinen darin, dass wir ein ähnliches Gefühlspaket in uns selbst tragen und daher mit denen der anderen in Resonanz treten.

Esther: Ich habe die Trennung von meinem vorigen Ehemann jahrelang nicht verkraftet. Obwohl ich sie selbst herbeigeführt habe, habe ich mich halb kaputtgeweint und gelitten, weil es ihm danach so schlecht ging. Eines Tages ist mir bewusst geworden, dass ich ihn dauernd klein sah. Wenn ich um ihn weinte, tauchte manchmal der Satz in mir auf: »Er ist doch zu klein dafür«, und ich sah ihn wie ein verlassenes kleines Kind. Da fiel mir ein, dass seine Mutter ihn in eine Pflegefamilie gegeben hatte, als er noch sehr klein war. Sie war vom Jugendamt dazu gezwungen worden. Seine Mutter hatte sich umgebracht, allerdings wesentlich später, und ich dachte, vielleicht hätte ich auf irgendeinem mysteriösen Weg ihren Gedanken »Er ist doch noch zu klein dafür!« und die dazugehörigen Gefühle aufgefangen und mich unbewusst damit identifiziert. Da wurde mir klar, warum mein Leid – jemanden verlassen, den ich liebte, und ihm Leid verursacht zu haben – sich verdoppelt und übergroße Dimensionen angenommen hatte. Ich vermute, dass die Übertragungskette so gelaufen war: Die Mutter hatte diese Gefühle gehabt, aber nicht wahrgenommen; mein Mann hatte sie unterschwellig, also unbewusst, wahrgenommen und mit sich herumgetragen; und ich wiederum hatte sie unbewusst in ihm gefühlt und mich damit identifiziert. Ich konnte das nun als ihr Gefühl und ihren Gedanken erkennen und somit gewissermaßen zurückgeben (damals kannte ich das Zurückgeben als Technik noch nicht).

Dann ging mir noch etwas auf. Auch meine Mutter hatte mich verlassen, als ich noch sehr klein war. Auch nicht absichtlich, um mich zu verlassen, sondern unter dem Zwang der Umstände, die sie nicht ertragen konnte. Somit hatte wahrscheinlich auch sie diesen Schmerz, ein kleines Kind allein gelassen zu haben, in sich. Diesen Schmerz hatte ich vielleicht aufgefangen und mit mir herumgetragen, und schließlich übertrug ich ihn auf den Mann, den ich verließ.

Nachdem ich den Schmerz, jemandem Schmerz zugefügt zu haben, der dafür zu klein ist, und das damit verbundene »Nicht-aushalten-Können« an die beiden Mütter zurückgegeben hatte, waren mein Schmerz und meine Schuldgefühle (die gab es ja auch noch) nicht verschwunden, aber wenigstens fiel es mir leichter, zu erkennen, dass mein Mann kein kleines Kind war, und ihm zuzutrauen, mit seinen Gefühlen fertigzuwerden. Meine Gefühle nahmen etwas normalere Ausmaße an, weniger unerträglich, weniger schwer, weniger klebrig.

Zurück blieb ein großes Bedauern und der Wunsch, es rückgängig zu machen, den ich ins Herz holen konnte, auch wenn meinem Verstand das unsinnig erschien. Und die Liebe. Auch diese wollte als Gefühl wahrgenommen werden und ihren Platz im Herzen haben. Danach ging es mir besser, und ich konnte erkennen, dass mein Mann nicht einfach Opfer meiner Handlungen war, sondern sein eigenes Schicksal hatte, zu dem dieser Vorfall ja wohl irgendwie gehörte und in dem er vermutlich Sinn machte. In meinem inneren Bild war mein Exmann nun zu seiner richtigen Größe herangewachsen.

Irgendwie habe ich den Eindruck, dass ihn das erleichtert, auch wenn ich ihn seitdem nicht mehr gesehen habe.

Wenn Sie mit einer Angelegenheit zu tun haben, die innerlich sehr schwerwiegend ist, lohnt es sich immer, zu prüfen, ob fremde Gefühle im Spiel sind. Und manchmal ist es gut zu erforschen, ob Sie die gleichen oder ähnliche Gefühle von mehreren Personen übernommen haben.

Manchmal beherrscht uns nicht nur ein Gefühl oder eine Gruppe von Gefühlen einer oder mehrerer anderer Personen, sondern das ganze Gefühlspaket eines Menschen. In diesem Fall redet man von »Besetzung«. Es ist, als wäre der Geist des Betreffenden in Ihnen anwesend und lebt durch Sie weiter. Viele Menschen tragen das ganze Gefühlspaket eines verstorbenen Angehörigen mit sich – sei es nun Mutter oder Vater, Großeltern oder verstorbene Tanten, Onkel oder Geschwister. Ist der Verstorbene nun im Sinne unserer gewohnten Betrachtung »tatsächlich« in Ihnen anwesend oder nur die von ihm übernommenen Gefühle?

Ich habe vor Jahren in einem Seminar einmal mit einem Teilnehmer gearbeitet, der von schweren Schuldgefühlen durchdrungen war, die er sich nicht richtig erklären konnte. Während ich ihn anleitete, nahm ich eine zweite Präsenz in ihm war; es war erst ein flüchtiger visueller Eindruck, der sich dann jedoch verdichtete. Auf meine vorsichtige Rückfrage hin erkannte er – mit großer emotionaler Bewegung –, dass es sich um seinen Vater handelte, der sich offenbar bei ihm versteckt hatte. Sein Vater war in der Nazizeit in einem Konzentrationslager tätig und an unglaublichen Grausamkeiten beteiligt gewesen. Es war für mich weit mehr als nur eine Vermutung, dass der verstorbene Vater im Energiefeld meines Klienten anwesend war. Ich konnte ihn tatsächlich sehen und beschreiben. Ich ging dann dazu über, mit dem Vater zu arbeiten und mit ihm Herzensarbeit zu machen. Ich bat den Teilnehmer, einfach als Vermittler zu fungieren und für den Vater zuzuhören und zu sprechen. Auf diese Weise erfuhr ich einiges über die Geschichte und die Gefühle des Vaters. Er hatte sich, wie er sich ausdrückte, völlig »gefühlstot« gemacht, um all das Entsetzliche, das durch ihn und rund um ihn geschah, überhaupt ertragen zu können. Er litt furchtbar unter Schuld, Scham und Reue und er hatte sich bei seinem Sohn versteckt, um sich nicht vor höheren Instanzen für das, was er getan hatte, verantworten zu müssen. Er hätte gerne alles wiedergutgemacht, wusste aber, dass das unmöglich war. So war er nach seinem eigenen Glauben für alle Zeiten verurteilt. Es war für uns alle ein sehr bewegendes Erlebnis, ihn darin zu unterstützen, sein Herz für diese Gefühle zu öffnen (indem wir alle unser Herz aufmachten), bis er schließlich bereit war, ins Licht zu gehen. Es herrschte in diesem Augenblick wie immer bei solchen Befreiungen eine unglaublich dichte und lichte Atmosphäre. Als ich hinterher den Sohn anschaute, konnte ich keine Spur mehr von seinem Vater erkennen. Er war befreit und nun – vielleicht zum ersten Mal – ganz er selbst. Es war übrigens für mich ein wichtiges Erlebnis, denn bis zu diesem Tag hatte ich niemals auch nur das geringste Verständnis oder Erbarmen für diese kalten Menschenverächter, Massenmörder und Folterer gehabt und mich bei diesem Thema immer verschließen müssen.

Besetzungen durch verstorbene Verwandte sind mir in meiner Arbeit oft begegnet; auch ich selbst habe schon Zeiten erlebt, in denen ich mich »besetzt« fühlte. Das waren Zeiten, in denen bestimmte Emotionen mit großer Klebrigkeit an mir hafteten und ich mich in meinem Spiegelbild, speziell im Ausdruck meiner Augen, selbst nicht wiedererkannte. Es handelte sich mal um meine Mutter, mal um eine Großmutter, einmal um den vorigen Besitzer der Wohnung, in die ich eingezogen war. Er war in dieser Wohnung gestorben, und seine Witwe lebte nun in einer kleineren Wohnung über mir. Ich konnte mich davon befreien, indem ich – sei es allein, sei es mithilfe einer Übungspartnerin – mit ihnen innerlich kommunizierte, sie fragte, warum sie bei mir waren, ihnen zuhörte und für sie und mich Herzensarbeit machte (sprich die auftauchenden Gefühle bewusst wahrnahm und jeweils die Herzensschlüssel durchprobierte). Ob sich das alles nun in meiner Einbildung abspielte oder nicht – nachher war der fremde Eindruck fort, die Klebrigkeit verschwunden, ich war wieder ich selbst und wieder da.

Nach vielen Erlebnissen dieser und ähnlicher Art kann ich mit ziemlicher Sicherheit davon ausgehen, dass wir nach dem Tod weiterleben, dass wir als Geistwesen ebenso mit Gefühlen identifiziert sein können wie vor unserem Tod. Eigentlich sogar noch mehr, denn in der nächsten Welt haben wir ja nicht mehr unseren physischen Körper und die scheinbar objektive Welt um uns herum, um uns von unseren Gefühlen abzulenken, sondern wir sind in diesen ganz und gar gefangen. Ich weiß das deshalb, weil ich es selbst erlebt habe. Wenn ich von dem Gemüt eines Verstorbenen besetzt war und gerade von dessen Gefühlen beherrscht wurde, dann nahm ich die Außenwelt nicht wahr. Es konnte die Sonne scheinen, die Welt konnte wunderschön sein – es war mir alles egal, ich schmorte in der Hölle der Gefühle. Das merkte ich aber erst nach der Befreiung von den fremden Gefühlen, denn danach war ich stets auf einen Schlag wieder aufgewacht, und die Sinneseindrücke traten wieder in mein Bewusstsein. Das lässt den Rückschluss zu, dass die Welt, in der diese »Verstorbenen« weilen, eben die Welt der Gefühle ist. Nach vielen Gesprächen mit »verlorenen Seelen« (wie die Kirche es nennt) kann ich sagen, dass Gefühle wie Wut oder Rache, Ungerechtigkeit oder Ablehnung, aber auch unerfüllte Sehnsucht und auch Sorge und Liebe uns in der alten Identität und bei unseren Angehörigen oder

Feinden festhalten. Ebenso wie auf Erden brauchen wir dann jemanden, der uns darauf aufmerksam macht, dass es sich dabei um Gefühle und Gedanken handelt, der ein offenes Herz, Verständnis und Respekt dafür hat und uns aus dieser falschen Identifikation heraushilft. Dies kann jemand sein, der gerade verkörpert ist, aber auch jemand von der gleichen oder einer höheren Ebene.

Auch als Vorbereitung auf die Welt, die wir nach unserem körperlichen Tod betreten, halte ich die Herzensarbeit daher für eine exzellente Sache: Wir lernen rechtzeitig, noch in der Verkörperung, unsere Gefühle und Gedanken bewusst als solche wahrzunehmen, und das wird uns mit Sicherheit helfen, in der nächsten Welt wach zu sein und nicht in der Hölle unserer alten Identifikationen zu schmoren! Wir werfen Ballast ab und sind vermutlich leichter in der Lage, uns über die einschränkende Identifikation der körperlichen Hülle zu erheben und die höheren Ebenen unseres Wesens zu entdecken. Der Teil in uns, den wir in der Herzensarbeit wecken, ist über jede Identifikation erhaben; es ist einfach reine Bewusstheit. Diese reine Bewusstheit wach zu halten bedeutet, uns selbst wach zu halten und einen ganz zentralen Wesensteil in uns zu entdecken, zu stärken und zu pflegen, der uns heil durch alle Welten trägt, dem Licht unseres wahren Wesens entgegen. Das ist das Licht, nach dem wir uns alle sehnen und dem wir nach unserem Tod entgegenzugehen hoffen. Es ist Bewusstheit. Warum sollen wir nicht hier schon damit anfangen, uns ihm zu nähern?

Besetzungen erkennen und loswerden

Unter Besetzung, ich wiederhole es der Klarheit halber, verstehe ich hier, dass uns nicht nur ein Gefühl, sondern das ganze Gefühlspaket eines anderen Menschen, in der Regel eines nahestehenden Verstorbenen, beherrscht.

Um sich davon befreien zu können, muss man es natürlich zuerst einmal erkennen. Hier einige Kriterien, an denen ich es in meiner »Besetzungszeit« an mir selbst erkannt habe:

- Die Gefühle ergreifen mich mit einer ungewohnten Macht.
- Die Gefühle sind übergroß.
- Es ist mir unmöglich, mich aus der Identifikation mit ihnen aufzuwecken und mein Herz zu öffnen.
- Die Gefühle haben etwas Klebriges.
- Wenn ich in den Spiegel schaue, sehe ich etwas Fremdes in meinen Augen.
- Es liegt ein Schatten über meinem Gesicht.
- Freunde oder Angehörige geben mir die Rückmeldung, dass ich nicht ganz ich selbst bin oder dass ich seltsam bin oder sie mich nicht wiedererkennen.
- Ich spüre, dass etwas nicht stimmt.

Bei anderen erkenne ich es an folgenden äußeren Zeichen:

- Ich bemerke einen Schatten oder dunkle Flecken über dem Gesicht.
- Die Augen schauen verschieden.
- Ich sehe ein Gesicht über dem Gesicht.
- Es ist einfach die Intuition oder Ahnung da.
- Die Person wechselt von einer Identität in eine andere.

Aber Achtung: Das alles sind keine Beweise für Besetzungen, nur Hinweise! Jemand kann dunkle Flecken im Gesicht haben von zu viel Fernsehen und schielen, weil die Augen von Geburt an eben diese Stellung haben oder aus welchem Grund auch immer. Im Alltagsleben kümmere ich mich auch nicht darum, solche Zeichen wahrzunehmen; es geht mich ja nichts an. Ich beachte sie nur, wenn ich mit Menschen Herzensarbeit übe und diese Zeichen mir dabei besonders auffallen oder wenn es sich um nahestehende Personen handelt, die von mir erwarten würden, dass ich ihnen solche Wahrnehmungen mitteile.

Die Befreiung

Sich selbst von einer solchen »Besetzung« zu befreien fällt nicht jedem leicht. Das Einfachste und Wirksamste ist, Sie holen sich Hilfe. Vielleicht gibt es jemanden in Ihrer Reichweite, der sich damit auskennt und wirkungsvoll helfen kann, beispielsweise arbeiten manche Kinesiologen mit der Lösung von Besetzungen. Oder Sie beten für sich selbst und die verstorbene Person.

Beten in diesem Sinne bedeutet, von höheren Ebenen Hilfe zu holen, indem man sich an sein Höheres Selbst oder seinen Schutzengel wendet oder einen erleuchteten Meister/eine erleuchtete Meisterin im Geist anruft und darum bittet, sich um das oder die Wesen zu kümmern, deren Gefühlspaket man in sich trägt, und für sich selbst um Befreiung von der fremden Energie. Falls Sie christlich sind, können Sie sich an Christus wenden, an Maria (Rosenkranzgebet); denken Sie nicht an die historische Person, sondern an das zeitlose Wesen, wenn Sie Meister oder Meisterinnen anrufen, die längst verstorben sind. Falls Sie einer bestimmten spirituellen Richtung angehören, wenden Sie sich an Ihren Meister oder diejenige Person in der geistigen Hierarchie, von der Sie annehmen, dass sie sich um diese »verlorene Seele« kümmern kann. In der katholischen Kirche betet man für die Verstorbenen, um ihnen die Ablösung zu erleichtern. In der traditionellen ayurvedischen Medizin ist man mit dem Phänomen Besetzungen durch Geistwesen sehr vertraut, ebenso in der tibetischen und afrikanischen Tradition und sicher noch vielen anderen. Nur uns Europäern ist dieses alte Wissen abhandengekommen, vermutlich im Zuge der Aufklärung.

Falls Sie weder spirituell noch religiös sind, klingt das vielleicht alles wie abergläubischer Hokuspokus, aber ich versichere Ihnen, wenn Sie tatsächlich einmal auf eine Besetzung stoßen, werden Sie nicht zögern, Maria, Jesus oder Buddha zu Hilfe zu rufen – und wahrscheinlich mit Erstaunen erleben, dass Sie bald darauf aus dem unangenehmen emotionalen Zustand aufwachen und wieder »Sie selbst« sind.

Vielleicht haben Sie sich mit diesen Gedanken über das Weiterleben nach dem Tod noch nicht vertraut gemacht und finden das alles reichlich mysteriös. Dabei ist es ganz einfach. Es kann uns selbst ebenso geschehen, dass wir im Moment unseres Todes ein bestimmtes Lebensthema noch nicht bis zu Ende durchlebt und gelöst haben oder mit bestimmten Emotionen identifiziert sind und aus diesem Grund nicht bereit sind, unsere gewohnte Identität hinter uns zu lassen und auf einer neuen Ebene der Existenz zu erwachen. Möglicherweise halten wir uns dann an einem noch lebenden Angehörigen fest – um diesen zu beschützen oder um durch ihn noch bestimmte Dinge weiter zu erleben oder zu vollenden. Und dann kommt vielleicht der Tag, an dem dieser Angehörige sich unserer Präsenz bewusst wird und den Wunsch hat, sich davon zu befreien, um ungestört seinen eigenen Weg gehen zu können, statt ständig von uns beeinflusst zu sein. In diesem Moment brauchen wir jemanden, der uns hilft zu erkennen, wer wir nun (nachdem wir die alte Identität abgelegt haben) eigentlich sind und wohin die Reise weitergeht. Dafür sind die spirituellen Meister da. Sie kennen die Reise, sie haben sie ja schon vollendet, sie kennen auch ihre verschiedenen Etappen, denn sie haben sie alle selbst durchgemacht – und so sind sie in der Lage, jede verirrte Seele dort abzuholen, wo sie sich (geistig-emotional) befindet. Das gehört sozusagen zu ihrem Job.

Wichtig zu wissen: Wenn wir in diesem Sinne »besetzt« sind, gibt es immer ein Gefühl im Vordergrund, das uns ganz besonders stark zu schaffen macht. Dieses Gefühl gehört dann zu dem fremden Emotionspaket, jedoch kann es uns nur deshalb so stark beherrschen, weil wir ein gleichartiges Gefühl in uns tragen und verdrängt haben. Letztendlich macht uns also die Besetzung aufmerksam auf ein eigenes verdrängtes Gefühl und hat von daher einen Nutzen. Nur ist es während des besetzten Zustandes nicht leicht, sich aus der Identifikation zu lösen und das Gefühl bewusst wahrzunehmen. Probieren Sie es zunächst mit der einfachen Rückgabetechnik, wie sie im Technik-Kapitel dieses Buches beschrieben ist; manchmal reicht das aus, um sich von der Besetzung zu befreien. Nehmen Sie auf jeden Fall das eigene Gefühl nach erfolgter Rückgabe oder Befreiung auch bewusst wahr und machen Sie damit Herzensarbeit! Sonst riskieren Sie es, weitere »Besetzungen« anzuziehen.

Wie die Befreiung von Fremdgefühlen uns von körperlichen Symptomen befreien kann

Ein Gedanke bewegt uns – in angenehmer oder unangenehmer Weise. Diese Bewegung nennt man Emotion oder Gefühl. Wo sie stattfindet, ist schwer zu beschreiben, da es zunächst kein Ort ist, sondern eine geistig-seelische Realität – in uns selbst, in unserem fühlenden Kern. Diesen Kern nennen wir das Herz. Nicht das Herz unseres Körpers (obwohl das die körperliche Ebene dieses Zentrums ist), sondern *unser* Herz. Das Zentrum unseres Wesens. Dort finden die seelischen Regungen statt, die wir Gefühle nennen. Diese Bewegung findet aber auch in unserem Energiefeld statt und in unserem Körper. Unsere Gedanken und Gefühle verkörpern sich. Unser Körper drückt sie aus – ob wir es übrigens wollen oder nicht. Gefühle wirken bis tief in die Zellen unseres Körpers hinein und haben einen, vielleicht – wie jüngste Forschungen ergeben haben – sogar *den* entscheidenden Einfluss auf unsere Gesundheit.[5]

Eine Emotion ist die Art, wie uns etwas bewegt. Sie ist eine Bewegung, und wie es in der Natur einer Bewegung liegt, ist sie flüchtig. Ebenso flüchtig ist ihr körperlicher Ausdruck.

Halten wir sie jedoch fest, so verfestigt sie sich, und je länger wir sie festhalten, desto mehr gräbt sie sich in unseren Körper ein und wird zu einem bleibenden Ausdruck. So kommt es dann zu körperlichen Phänomenen, die Gesundheit und Aussehen dauerhaft beeinflussen, wie hängenden Mundwinkeln, schlaffem Kinn, Stiernacken oder chronischen Gesundheitsstörungen (beides hat natürlich auch mit anderen Faktoren zu tun, wie Vererbung, Umwelteinflüsse, Ernährung und Lebensweise).

Eine Gefühlsregung kann unseren Körper nicht schädigen oder schwächen, vorausgesetzt, wir erleben sie, statt sie zu verdrängen, und halten sie nicht fest. Festhalten bedeutet, dass wir uns mit diesem Gefühl identifizieren oder mit einem weiteren Gefühl, das uns glauben macht, es sei notwendig, dieses Gefühl zu behalten.

Irene ist als Kind von ihren Eltern in einer Weise behandelt worden, die sie als lieblos empfand. Als Erwachsene behandelt sie sich selbst ebenso lieblos, indem sie sich Erfolg und Glück versagt. Als sie tiefer hinschaut, erkennt sie allerdings, dass sie nicht einfach die Lieblosigkeit ihrer Eltern übernommen hat, sondern dass ihr eigentlicher Schmerz darin besteht, Opfer eines Unrechts zu sein. Unbewusst ist sie davon überzeugt, ein Recht auf liebevolle Behandlung zu haben, und empfindet es als großes Unrecht, dass sie diese (ihrem Eindruck nach) nicht bekommen hat.

Um auf dieses Unrecht aufmerksam zu machen, lässt sie es sich schlecht gehen nach der selbstzerstörerischen Logik: Wenn es mir gut geht, merkt ja keiner, welches Unrecht man mir angetan hat, und dann bleibt das ungesühnt. Also sorge ich dafür, dass es mir schlecht geht.

Irene sehnt sich natürlich wie jeder Mensch nach Glück, aber sie hält ihr Unglück fest, da sie meint, dass dies notwendig sei, um die Ungerechtigkeit zu rächen. (Wenn sie Herzensarbeit anwenden würde, könnte sie unter anderem folgende Gefühle ins Herz holen: das Gefühl, unglücklich zu sein, eventuell Verbitterung, den Schmerz der Ungerechtigkeit und den Wunsch entweder nach Rache oder nach Anerkennung des Unrechts, das Gefühl, gerächt [oder gerecht] zu sein, die Sehnsucht nach Glück oder Befreiung, die Sehnsucht nach Liebe.)

Wir halten also manchmal an einem negativen Gefühl fest, da wir aus einem anderen Gefühl heraus meinen, dass dies notwendig sei.

Wir können aber auch ein Gefühl festhalten, indem wir uns ganz einfach damit identifizieren – und das tun wir die meiste Zeit. »Ich bin wütend« (Identifikation mit Wut). »Ich ertrage es nicht, jemanden leiden zu sehen« (Identifikation mit »Nicht-aushalten-Können« und Mitleid). »Ich fürchte immer ...« (Angst). »Ich habe die Hoffnung verloren« (Hoffnungslosigkeit, Trauer). »Es hat doch keinen Zweck« (Aussichtslosigkeit, Resignation, Ohnmacht, Bitterkeit).

Aus dieser Identifikation, diesem »Ich bin«, entsteht auf Dauer eine bleibende Prägung unseres körperlichen Ausdrucks.

Mit Gefühlen, die wir von anderen übernommen haben, geschieht dasselbe. Entweder sind es flüchtige Regungen, die uns durchstreifen, oder wir halten sie fest und identifizieren uns damit. In diesem Fall bleibt uns der körperliche Ausdruck dieses Gefühls erhalten.

Sie haben vielleicht schon einmal jemanden getroffen, der wesentlich älter aussah als er/sie in Wirklichkeit war; Sie hatten den Eindruck, dass sich in den Gesichtszügen dieser Frau beispielsweise ihre Mutter oder eine Großmutter oder ältere Tante verbarg.

Vielleicht kennen Sie auch jemanden, der bei bestimmten Themen immer einen bestimmten Gesichtsausdruck annimmt, der sonst gar nicht zu ihm passt. Das kann darauf deuten, dass sich hier Gefühle manifestieren, die von jemand anderem übernommen wurden, von Mutter, Vater oder sonstigen nahestehenden Menschen oder Bezugspersonen. Mit dem Gefühl wird auch der körperliche Ausdruck übernommen. Und die dazugehörige Denkweise.

So kann es dazu kommen, dass sich der verewigte Körperausdruck eines übernommenen Gefühls schließlich in einem Symptom, einer Gesundheitsstörung oder sogar einer Krankheit niederschlägt. Eine an Krebs erkrankte Seminarteilnehmerin stieß bei der Herzensarbeit auf viele Gefühle, die sie von ihrer Mutter übernommen hatte, die ebenfalls krebskrank gewesen war, und gewann letztlich sogar den Eindruck, dass die ganze Erkrankung eigentlich gar nicht ihre war, sondern ihrer Mutter gehörte. Ich bin schon auf Magenschmerzen gestoßen, hinter denen Gefühle des Vaters des Betreffenden steckten, auf Sodbrennen, in dem sich das ständige »Sauersein« der Mutter manifestierte. Solche Symptome können durchaus verschwinden, wenn man die zugrunde liegenden Fremdgefühle zurückgibt. Auch Obsessionen können als Hintergrund eine Gefühlsübernahme haben, wie die Geschichte von Eduard zeigt.

Eduard wäscht sich 30 Mal am Tag die Hände. Es ist nicht etwas, was in seinem Beruf etwa notwendig wäre, sondern es ist ein Zwang. Eduard war sich dessen schon immer bewusst, aber er sieht kein Problem darin. Er meint einfach, dass er Sauberkeitsfan ist und Körperpflege für extrem wichtig hält.

Eduard ist ein sehr sensibler Mensch. Eines Tages fällt ihm ein Buch von mir in die Hände, und er beschließt, ein Seminar mitzumachen. Allerdings kommt er keineswegs wegen des Händewaschzwangs ins Seminar, sondern nur, weil er einen spirituellen Weg gehen möchte und dies für sehr wichtig hält.

Während einer Kleingruppensitzung wird dieses »Für sehr wichtig halten« plötzlich zum Thema, weil seinen Übungspartnern auffällt, dass er diese Formulierung so oft wiederholt. Und auf diesem Weg kommt schließlich das Zwangsverhalten zur Sprache.

In dieser Sitzung erinnert sich Eduard, dass schon sein Vater den allergrößten Wert auf Hygiene legte und in diesem Punkt sehr streng war. Eduards Vater litt unter einer Hautkrankheit und kümmerte sich deshalb viel um seine Hände. Eduard hatte diese Gewohnheit unbewusst übernommen.

In dieser Sitzung nun entdeckte Eduard, dass es in ihm ein Gefühl von Ekel gab und dass es nicht sein Gefühl war. Er erkannte, dass es seiner Großmutter gehörte. Die hatte sich nämlich vor den Händen ihres Sohnes geekelt. Aus diesem Gefühl heraus, das Eduard von seiner Großmutter übernommen hatte, fühlte er sich gezwungen, seine Hände andauernd zu reinigen. Nach dem Zurückgeben des Ekelgefühls lockerte sich der Zwang, und er musste sich nicht mehr so häufig die Hände waschen.

Wenn Sie an einer körperlichen Erkrankung leiden, empfehle ich Ihnen auf jeden Fall, neben Ihrer medizinischen Behandlung Herzensarbeit anzuwenden und im Zuge dieser Herzensarbeit auf Hinweise zu achten, die darauf deuten, dass Fremdgefühle im Spiel sind.

Körperzentrierte Herzensarbeit bei körperlichen Symptomen

VORBEREITUNG

- Spüren Sie Ihren Atem und schalten Sie Bewusstheit ein. (Wenn möglich im Sitzen, wenn es nicht anders geht, im Liegen.)

RICHTEN SIE IHRE AUFMERKSAMKEIT AUF DEN KÖRPERZUSTAND,

- dem Sie auf den Grund gehen möchten. Nehmen Sie sich vor, ihn kennenzulernen, indem Sie ihn bewusst erleben.

- Machen Sie sich klar, dass Ihr Körper nicht von sich aus solche Symptome manifestiert, sondern dass Sie sich in Ihrem Körper auf diese Weise manifestieren. Der Körperzustand ist in irgendeiner Weise auch Ihr (seelischer) Zustand.

FRAGEN SIE SICH, WIE SIE SICH DARIN FÜHLEN.

- Nehmen Sie sich Zeit, um die Gefühle auftauchen zu lassen (es gibt sicher mehr als ein Gefühl darin). Lernen Sie die Gefühle kennen.

(Tipp: Falls es Ihnen schwerfällt, in Ihrem Symptom ein Gefühl zu erkennen, blenden Sie Ihre Lebensumstände ein. Beobachten Sie, welcher Lebensumstand – Beziehung, Situation, Ereignis – in Ihrem inneren Blickfeld auftaucht. Möglicherweise ist das die Situation, die zu diesem Symptom gehört.

Wenn Sie nun wieder in das Symptom hineinatmen und -spüren, fällt es Ihnen wahrscheinlich leichter zu erkennen, welches Gefühl sich dort ausdrückt.)

Öffnen Sie Ihr Herz dafür.

- (Die Herzensschlüssel kennen Sie ja inzwischen. Sonst lesen Sie den Technik-Teil nochmals.)

Fremdgefühl-Verdacht?

- Wenn bei einem oder mehreren Gefühlen der Verdacht auftaucht, sie könnten von jemand anderem übernommen sein, überprüfen Sie das, indem Sie sich vorstellen, dem Betreffenden das Gefühl zurückzugeben, und achten Sie darauf, wie Sie sich damit fühlen. Öffnen Sie Ihr Herz für die dabei auftauchenden eigenen Gefühle, seien sie positiv oder negativ.

- Begeben Sie sich danach mit Ihrer Aufmerksamkeit wieder in das Körpersymptom hinein – sofort oder später, je nachdem, wie es sich für Sie richtig anfühlt – und erforschen Sie es auf diese Weise weiter, bis das Symptom verschwunden ist oder Sie den Eindruck haben, dass es für den Moment genug ist.

Nicht immer verschwinden körperliche Symptome sofort, nicht immer ganz, nicht immer überhaupt, nachdem man die Gefühle, die man darin entdeckt, in Bewusstsein und Herz zurückholt, aber sehr oft. Ich habe schon die erstaunlichsten Heilungen durch Körperzentrierte Herzensarbeit erlebt.

Wenn die Symptome nicht verschwinden, kann das vielfältige Gründe haben. Entweder es gibt noch weitere Gefühle, die nicht entdeckt wurden (fremde oder eigene), oder es gibt einen Grund, für den Sie die Krankheit brauchen (fragen Sie sich das und machen Sie mit der Antwort Herzensarbeit), oder es gibt äußere Einflüsse, denen Sie sich nicht entziehen können (schlechter Schlafplatz, Elektrosmog) oder wollen (Rauchen, Alkohol, Handystrahlung, Bewegungsmangel, zu wenig trinken, zu viel oder falsch essen). Und dann gibt es Faktoren, die wir nicht kennen. Vielleicht ist die Krankheit von einer höheren Warte aus sinnvoll, weil sie Ihnen hilft, sich weiterzuentwickeln, zu öffnen oder zu wandeln.

Stellen Sie sich Heilung niemals nur als Wiederherstellung des alten Zustands vor, sondern immer auch als eine Weiterentwicklung, eine Wandlung. Prüfen Sie, ob es einen Teil in Ihnen gibt, der sich gegen Wandlung sperrt. Lernen Sie ihn kennen und öffnen Sie Ihr Herz dafür (statt ihn überwinden oder unterdrücken zu wollen!). Sie werden sehen, dass er eine wichtige Funktion hat.

Häufig gestellte Fragen zur Rückgabe von Gefühlen

Kann ich die Person, von der ich ein Gefühl übernommen habe, nicht belasten oder schädigen, indem ich ihr das Gefühl zurückgebe?

Lassen wir noch einmal Anne zu Wort kommen, die erst solche Schwierigkeiten hatte, ihrer Mutter das Gefühl von Traurigkeit zurückzugeben, weil sie meinte, sie damit zu belasten. Was Anne beim Zurückgeben geholfen hatte, war ja die Erkenntnis gewesen, »*dass meine Mutter bei all ihrem Kummer niemals gewollt hätte, dass ich ihr irgendwas abnehme* …«. Ihr wurde auch klar, dass sie selbst niemals wollen würde, dass ihre Kinder ihr etwas abnehmen und dann selbst leiden. Das würde sie im Gegenteil sehr belasten.

Wenn das Zurückgeben in korrekter Form und mit der richtigen Erkenntnis geschieht, entlastet es eher.

Mir selbst sagte mein Mann einmal, nachdem ich innerlich ein Gefühl an ihn zurückgegeben hatte: Ich habe gemerkt, dass du endlich aufgehört hast, dich mit meinem Gefühl zu identifizieren. Das erleichtert mich. Ich fühle mich nicht mehr so eingeschränkt wie vorher, als du ständig unter meinem Gefühl gelitten und dich damit identifiziert hast. Es hat mich zusätzlich belastet, zu sehen, wie du darunter leidest. Außerdem habe ich mich damit unfrei gefühlt, so als hieltest du mich in dieser bestimmten Art, mich zu fühlen, fest. Geholfen hätte es mir viel mehr, wenn du du selbst geblieben wärst und es mir überlassen – und zugetraut – hättest, mit meinem Gefühl fertigzuwerden.

Die Person fühlt sich ja ohnehin so – ob Sie das nun auch fühlen oder nicht. Sie geben ihr nicht ein Gefühl im Sinne eines Gegenstandes zurück, sondern Sie erkennen lediglich, dass es nicht Ihr Gefühl ist, und hören auf, sich damit zu identifizieren. Die imaginäre Rückgabe dient nur dem Zweck, Ihre eigenen Gefühle ans Licht kommen zu lassen. Allerdings, beim Zurückgeben kommt eventuell ein innerer Kontakt mit der Person zustande, der ihr nicht bewusst ist, da sie auf der Ebene ihres persönlichen Bewusstseins ja nicht angesprochen und informiert wurde. Und da der Kontakt ihr nicht bewusst ist, kann sie vielleicht unbewusst von dem, was Sie dabei tun, beeinflusst werden. Daher ist es wichtig, dass in Ihrem Bewusstsein Klarheit herrscht.

Klarheit bei der Rückgabe bedeutet:

- dass Sie wissen, dass das, was Sie zurückgeben, ein Gefühl ist und keine Tatsache,
- und dass Sie sich auch Ihrer eigenen damit verbundenen Gefühle bewusst sind.

Falsch in diesem Sinne wäre: Sie stellen sich die Person vor und werfen ihr das Gefühl geistig an den Kopf, weil Sie auf sie wütend sind.

Richtiger: Sie stellen sich die Person vor, merken, dass Sie ihr das Gefühl am liebsten an den Kopf werfen würden, und öffnen erst einmal Ihr Herz für diese Wut und den Schmerz, der dahintersteckt, bevor Sie die Rückgabe fortsetzen.

Falsch wäre auch: Sie geben der Person das Gefühl, wie zum Beispiel die Ablehnung, zurück, die Sie als ihr zugehörig erkannt haben, jedoch ohne diese Ablehnung bewusst gefühlt zu haben; Sie halten sie für eine Tatsache und geben ihr diese »Tatsache« zurück. Das könnte bei der anderen Person als tatsächliche Ablehnung ankommen und möglicherweise einen störenden Effekt haben (da die Person nicht darauf aufmerksam gemacht wurde, dass Sie sich mit ihr in Verbindung setzen möchten, kommen die Signale vielleicht telepathisch bei ihr an, ohne dass sie sie bewusst unterscheiden und bewerten kann, und so könnte eine solche falsche Rückgabe als eine Art magischer Einfluss wirken, falls sie mit großer Konzentration und Emotion geschieht).

Richtiger: Sie richten Ihre Aufmerksamkeit auf das Gefühl von Ablehnung, lernen den dazugehörigen Körperzustand kennen und erleben ihn bewusst, bis Ihnen klar wird, dass diese Ablehnung ein Gefühl ist und keine Tatsache, machen sich dann bewusst, dass es ein Gefühl der anderen Person ist, und geben es ihr in diesem Bewusstsein zurück. Sollten Sie danach merken, dass Sie sich ebenfalls abgelehnt fühlen und dies nun Ihr eigenes Gefühl ist, öffnen Sie Ihr Herz dafür. Auf diese Weise sorgen Sie für eine saubere Trennung, die die Gefühlsverhältnisse klärt und zurechtrückt.

Ist es denn nicht schade, einer Person etwas zurückzugeben, die ich ja gerade durch die Übernahme entlasten wollte?

In dieser Frage sind unbewusste Identifikationen enthalten: mit dem Gedanken, dass der andere belastet sei, und mit dem Gefühl, das dieser Gedanke in Ihnen auslöst. Eventuell Mitleid. Dieses Gefühl würde ich erst einmal ins Herz holen.

Grundsätzlich: Sie erinnern sich vielleicht an die Geschichte von Anne, die ihrer Mutter die Traurigkeit erst zurückgeben konnte, nachdem sie Folgendes erkannt hatte:

> Die Erkenntnis, dass ich meiner Mutter als Kind etwas abzunehmen versuchte, dass sie das aber ihrerseits niemals gewollt hätte, war mir im Nachhinein das Wertvollste an dieser Sitzung. Es hat die Last von meinen Schultern genommen, und auf einmal konnte ich in meinem Denken zulassen, dass es in Ordnung ist, wenn ich mich um meine Angelegenheiten kümmere und auch mal etwas zurückgeben darf.

Ein Mensch wird nicht dadurch entlastet, dass ein anderer versucht, ihm sein Gefühl abzunehmen, sondern im Gegenteil noch mehr belastet. Es kann höchstens sein, dass ihn der Versuch rührt, dass da jemand für ihn leiden möchte, und dass dies auch ein positives Gefühl auslöst, zum Beispiel das Gefühl, geliebt zu sein. Zugleich aber wird es, wie in der vorigen Antwort bereits beschrieben, als einengend und belastend empfunden, wenn jemand anders mit uns leidet, anstatt Mitgefühl zu haben. Mitgefühl bedeutet: Mein Herz ist offen für dein Gefühl; ich kann es fühlen, bürde es mir aber nicht auf. Ich habe Achtung und Verständnis dafür, wie du dich fühlst.

Woher weiß ich, dass das Gefühl wirklich ein fremdes ist und dass ich mir nicht etwas vormache, um eine unliebsame Emotion loszuwerden?

Um festzustellen, ob das Gefühl fremd oder doch ein eigenes ist, geben Sie es an denjenigen zurück, von dem Sie meinen, er sei der eigentliche Eigner. Stellen Sie sich das in aller Deutlichkeit vor. Beobachten Sie, was Sie dabei fühlen und wie es Ihnen danach geht.

Wenn das Gefühl daraufhin leichter wird, dann war es sowohl ein eigenes als auch ein fremdes Gefühl, und durch die Rückgabe ist wahrscheinlich der fremde Teil von Ihnen abgeglitten. Wenn es ganz verschwindet und ein anderes, eigenes darunter hervorkommt, dann war es ein fremdes Gefühl. Wenn es unverändert dableibt, ist es wahrscheinlich doch Ihr eigenes Gefühl. Oder Sie haben es zwar übernommen, aber von jemand anderem.

Karl hat ziemlich viele Themen, die er im Seminar anschauen möchte. Mit einem dieser Themen steckt er fest. Er zeigt sich sehr verschlossen in der Gruppe, aber er hat die Bereitschaft, mitzumachen. In einer Kleingruppensitzung tut er sich schwer, einige Gefühle bewusst anzuschauen. Es klappt irgendwie nicht richtig, obwohl er durchaus in der Lage ist, ein Gefühl zu erkennen und zu benennen. Am dritten Seminartag hört er zum ersten Mal von der Möglichkeit, dass Gefühle auch von anderen übernommen sein können. Diese Idee weckt sofort sein Interesse. Das würde ja die Sache enorm erleichtern! Es könnte ja sein, dass er seine Zeit damit vergeudet, Gefühle anzuschauen, die ihm gar nicht gehören. In einer Partnerübung versucht er daher, einfach alles, was ihm nicht gefällt oder was er nicht richtig fühlen kann, an seine Eltern zurückzugeben. Er meint, sie nähmen es schon zurück, es gehöre ihnen ja sowieso. Er übergibt beiden pauschal einfach das ganze Paket und überlässt es ihnen, auseinanderzusortieren, was wem von beiden gehört. Er fühlt sich danach erleichtert.

Am vierten Seminartag gerät er in einen kleinen Konflikt mit einem anderen Übungspartner. Er fällt dabei in die Identifikation mit Gefühlen, die er zurückgegeben zu haben meint. Man macht ihn darauf aufmerksam, dass diese Gefühle, die er gestern zurückgegeben hat, vielleicht doch seine eigenen sein könnten. Als er auf Anraten der Gruppe doch noch einmal diese Gefühle anschaut, wird ihm bewusst, dass er sie gar nicht haben will. Er ist überzeugt, dass sie ihm nicht gehören. Er stellt sich noch einmal seine Eltern vor, um sie ihnen erneut zurückzugeben, doch in seinem inneren Bild drehen diese sich um und gehen fort.

In diesem Moment geht ihm ein Licht auf: Seine Eltern haben sich nämlich tatsächlich immer weggedreht, wenn er mit einem Problem zu ihnen kam. Sie zeigten niemals Interesse oder Mitgefühl, wenn er sich mit etwas, was ihm zu schaffen machte, an sie wandte. Er wurde nicht gehört. Seine Eltern wollten überhaupt nichts fühlen – oder sie waren nicht in der Lage dazu. Da wurde ihm klar, dass das einzige Gefühl, das er tatsächlich von seinen Eltern übernommen haben und ihnen zurückgeben könnte, genau dieses »Nicht-fühlen-Wollen« war. Wobei allerdings auch klar wurde, dass ein Teil dieses Gefühls auch zu ihm gehörte. Er hatte seine Eltern imitiert und sich das »Nicht-fühlen-Wollen« mit den Jahren angewöhnt.

Nach dieser Rückgabe war Karl endlich in der Lage, sein Herz für Gefühle zu öffnen. Nun kamen viele eigene Emotionen hoch, die endlich wahrgenommen werden wollten – Trauer, Ungerechtigkeit, auch Wut, Nichtverstehen und das Gefühl, abgelehnt zu werden. Karl war froh, dass die Dinge nun endlich in Bewegung gekommen waren, und konnte sich in der Folge nicht nur für sich selbst, sondern auch für andere viel mehr öffnen.

Pauschale Gefühlsrückgaben können vielleicht als Initialzündung sinnvoll sein: um einen Bewusstseinsprozess in uns selbst in Gang zu bringen. Aber erwarten Sie nicht, die fremden Gefühle auf diese Weise loszuwerden. Jedes einzelne von ihnen manifestiert sich auf seine Weise und an seinem Ort in Ihrem Körper und fühlt sich auf seine besondere Weise an. Und in dieser Weise und an diesem Ort muss es berührt und empfunden werden, sprich in Ihr Bewusstsein treten, denn erst wenn es empfunden wurde, kann es auch wirklich erkannt und dann zurückgegeben werden.

Wieso müssen wir auf der einen Seite Gefühle als einem anderen zugehörig erkennen und zurückgeben, während es auf dem spirituellen Weg andererseits doch darum geht, zu erkennen, dass alles eins ist? Wozu überhaupt die Mühe?

Wenn es nur darum ginge, festzustellen, dass alles eins ist – wozu wären dann die ganze Welt und die unvorstellbare Vielfalt an Wesen da? Ganz offensichtlich geht es Gott oder dem Einen Wesen darum, sich in einer Vielzahl von Wesen zu erfahren, und dieses Erfahren ist nur möglich, wenn jedes eine Individualität besitzt und dann in seiner Individualität vollkommen wird – gemäß seiner eigenen Natur. So ist »Alles ist eins« nicht gleichbedeutend mit »Alles ist eine gleichförmige Suppe«.

Vergleichen Sie es mit Musik: Musik kann es nur geben, wenn es Töne gibt, nicht wenn alles eine ununterscheidbare Tonsuppe ist. Musik besteht aus Tönen, Töne setzen sich zusammen zu Melodien, und damit daraus Musik werden kann, muss es außerdem noch Instrumente geben und Leute, die sie spielen. Die Harmonie der Komposition – so, wie sie vom Komponisten gemeint war – kommt nur dadurch zustande, dass jeder Musiker sein Instrument spielt und nicht hier und da ein C statt eines D anschlägt. Ebenso wie die Harmonie in unserem Körper nur dadurch gewahrt wird, dass die Leberzelle ihren Job als Leberzelle erfüllt und die Blutzelle ihren Job als Blutzelle. Wenn die Niere plötzlich Leber spielen würde und der Magen Gehirn, dann bräche die Ordnung im Organismus zusammen.

Trotz der Vielfalt von Noten, Melodien und Instrumenten, aus denen ein Musikstück besteht, reden wir aber von einem Stück. Und trotz der unvorstellbaren Vielzahl an Zellen, die in unserem Körper eine hochdifferenzierte Arbeit verrichten, und trotz der Vielzahl an Organen, Muskeln, Nerven und Körperteilen sehen wir den Körper im Stück. Ebenso kann man das Universum betrachten.

So viel zur Philosophie.

In der Praxis nähern wir uns der Antwort auf eine andere Weise. Die Körperzentrierte Herzensarbeit ist ein Weg, auf dem wir keine Annahmen treffen, sondern einfach wahrnehmen und erkennen. Erkennen heißt unterscheiden. »Dies ist eine Tatsache.« »Das ist ein Gefühl.« Auf dem Weg der Wahrnehmung nähern wir uns der Wahrheit. Anstatt etwas vorauszusetzen, was wir nicht wissen, sondern nur von anderen gehört und vielleicht in seltenen Momenten kurz als Ahnung erlebt haben (wie »Alles ist eins«), setzen wir nichts voraus und öffnen uns dem, was ist, indem wir es wahrnehmen, ohne uns damit zu identifizieren. »Dies ist mein Gefühl.« »Das ist das Gefühl meines Vaters. Ich habe es irrtümlich für meins gehalten.«

Neutrale bewusste Wahrnehmung ebenso wie Unterscheidungsvermögen gehören zu jedem spirituellen Weg, wenn er dem Erwachen dienen soll.

Ist es nicht mühsam, dauernd zu schauen, ob ein Gefühl, das man gerade hat, ein fremdes oder ein eigenes ist? Ich stelle mir das Leben damit reichlich kompliziert vor.

Im Gegenteil. Mühsam und kompliziert wird es, wenn wir mit fremden Gefühlen identifiziert bleiben, wie wir in vielen Beispielen dieses Buches gesehen haben.

Allerdings rate ich keineswegs dazu, sich ständig und bei jedem Gefühl zu fragen: Ist das auch wirklich meins? Sondern: Speichern Sie die Möglichkeit »Fremdgefühl« irgendwo in Ihrem Hinterkopf und vertrauen Sie darauf, dass sie sich in Erinnerung bringt, wenn es nötig ist. Sie brauchen also nicht nach Fremdgefühlen zu fahnden, sondern nur auf Ihre innere Stimme zu hören, wenn sie Ihnen zuflüstert: Dies ist nicht dein Gefühl.

Mein Gefühl, dein Gefühl und die zugrunde liegende Einheit – Betrachtungen aus höherer Perspektive

Von einer höheren Ebene aus gesehen, muss man die Betrachtungsweise umdrehen. Hier ist die interessante Frage nicht: Wieso haben wir Fremdgefühle? Sondern: Wieso haben wir eigene Gefühle?

Wir leben in einem Ozean von Emotion, und auf der Ebene der Emotion gibt es keine Mauern, keine Zäune, keine Trennung. Ebenso wenig wie auf der Ebene der Energie.

Wie kommt es also, dass jemand dennoch sagen kann: Das hier ist mein Gefühl?

Darüber lohnt es sich erst einmal einen Augenblick zu meditieren, bevor Sie sich der folgenden Antwort zuwenden, die auftaucht, wenn ich mich auf eine höhere Ebene des Bewusstseins einstelle.

Du lebst in einer Suppe von Emotionen. Dein Herz kann alles fühlen. Wie kommt es, dass du zu einigen Gefühlen »meine« sagst und nicht zu anderen?

Wenn du auf die Welt kommst, bist du kein unbeschriebenes Blatt. Deine Seele hat bereits Geschichte. Sie hat einen bestimmten Schatz an Erkenntnissen und an Erinnerungen, und diese Erinnerungen sind mit Gefühlen verbunden. Dieser Schatz ist latent in ihr vorhanden, wenn sie in den Mutterleib eintaucht. Hier nun kommt sie in ein anderes emotionales Milieu, in eine andere Geschichte hinein, in das Milieu der Mutter. Wenn sie nun auch eingebettet ist in die emotionale Atmosphäre der Mutter, so ist sie darin doch kein konturenloses, ununterscheidbares Nichts, sondern besitzt bereits einen eigenen Wesenskern und eigene Erfahrungen, eine eigene Intelligenz und ein eigenes Erkenntnisvermögen. Falls sie nun Gefühle der Mutter übernimmt und sich diese zu eigen macht, dann nur solche, die im Rahmen ihres Erfahrungsschatzes für sie sinnvoll sind, die bestimmte Erinnerungen und damit verbundene Gefühle in ihr wachrufen. Hat die Mutter beispielsweise Angst vor Verlassenwerden, und das Drama des Verlassenwerdens gehört bereits zum Gefühls- und Emotionsschatz der Seele, so wird sie die Angst der Mutter mit ihrer eigenen Angst verwechseln. Ihre eigene Angst wird durch die Angst der Mutter geweckt und verdoppelt.

Wenn du »Angst« fühlst, interpretierst du das Energiemuster »Angst« auf deine eigene Weise. Angst ist ein universales Gefühl, aber sie nimmt bei jedem Menschen und mit jedem Inhalt eine eigene Gestalt an. Diese Energiegestalt besetzt sozusagen deinen Körper, graviert sich ein in deine Haltung, deine Zellen, deine Muskeln, deine Nerven, dein Gehirn. Solange diese Angst nicht bewusst gefühlt wird, beherrscht sie dich. Übernimmst du die Angst eines anderen, so übernimmst du zugleich die energetische Signatur der fremden Angst, die nun ebenfalls deinen Körper besetzt. Deine Handlungsfreiheit, dein Spielraum wird so verringert, deine Lebensenergie gehemmt, deine Seele läuft Gefahr, im Körper zu ersticken.

In der Welt der Gefühle gibt es keine Grenzen. Ebenso wenig wie in der Welt der Energie. Und doch gibt es »meine« Energie und »deine« Energie oder »mein« oder »dein« Gefühl. Das liegt daran, dass der Ozean der Gefühle nicht einfach ein unstrukturiertes Etwas ist, sondern dass sich innerhalb dieses Ozeans individuelle Strukturen bilden. Jedes Individuum hat einen Wesenskern, und um diesen Wesenskern gruppieren sich seine spezifischen Stimmungen, Gedanken und Gefühle und seine Energie sowie sein Körper. Dieser Wesenskern ist magnetisch, das heißt, er zieht das zu sich, was ihm gemäß ist, und stößt das ab, was ihm nicht gemäß ist. An dieser grundsätzlichen Konfiguration kannst du nichts ändern, es sei denn, von diesem Wesenskern aus. Er ist das, was auch »Seele« genannt wird.

So macht also jedes Individuum die Erfahrungen, die ihm gemäß sind, denkt die Gedanken, die ihm gemäß sind, und hegt die Gefühle, die ihm gemäß sind. Das bedeutet nun allerdings nicht, wenn jemand gerade ein Opfer einer Katastrophe ist und aggressive Gefühle hegt, dass »Opfersein« und »Aggressivität« Kennzeichen seines Wesens sind, sondern es bedeutet, dass diese Erfahrung samt den dazugehörigen Schlussfolgerungen und Gefühlen jetzt in das Programm passt, das seinem innersten Wesenskern zur Entfaltung verhilft. Denn dieser innerste Wesenskern kann mit einem Keim verglichen werden, aus dem nach und nach eine Pflanze erwächst. Diesen Wachstumsprozess der Seele in die manifeste Realität hinein nennt man Entfaltung.

Die Seele selbst ist unabhängig von den Erfahrungen, ebenso wie sie unabhängig ist von den jeweils gehegten Gedanken und Überzeugungen. Jedoch verhelfen ihr die Erfahrungen, Schlussfolgerungen und Gefühle dazu, sich zu entfalten, also ihr eigenes Wesen zu entdecken und zu manifestieren. Es ist nicht so, dass sie es erst entdeckt und dann manifestiert, sondern sie entdeckt es, indem sie es manifestiert. Das ist der Prozess, den du »dein Leben« nennst.

Nun: Gott verleiht jeder Seele alles, was sie zu ihrer Entfaltung benötigt, ebenso wie Gott jeder Seele Flügel verleiht, um sich über die Welt der Erfahrungen, der Gedanken und Gefühle zu erheben und heimzufliegen in ihr eigenes Reich. In ihrem eigenen Reich bewegt sich die Seele in völliger Freiheit, im Bewusstsein ihrer Unendlichkeit, Unbegrenztheit, in einem Zustand von Seligkeit und Verzückung. In der »Welt« jedoch ist sie Beschränkungen unterworfen, die ihrem innersten Wesen fremd sind. Und doch ist es nur durch diese Beschränkungen, dass sie ihr ureigenstes Potenzial entdecken und ausschöpfen und feiern kann – indem sie es manifestiert, also sich entfaltet.

Diese Entfaltung ist manchmal mit Schmerzen verbunden. Immer wenn die Seele an eine Grenze stößt, empfindet sie das als Schmerz, ähnlich wie ein Kind, das gegen eine Scheibe läuft und sich den Kopf wehtut oder das entdeckt, dass es nicht immer alles haben kann, was es sich wünscht. Es besteht daher in jedem Menschen die Tendenz, diesen Schmerz zu vermeiden, indem man auf Wachstum verzichtet und sich am Gewohnten festhält. Zugleich jedoch gibt es eine machtvolle Bestrebung, die aus dem Dunkeln des Verborgenen ans Licht des Manifesten drängt: eine der Seele innewohnende Sehnsucht nach Entfaltung. Diese Kraft rüttelt früher oder später an den Gitterstäben deines selbst gebauten Gefängnisses und macht dich darauf aufmerksam, dass es Zeit ist, es zu verlassen. Dies sind Momente im Leben, in denen man vor eine plötzliche Herausforderung oder einen Verlust gestellt wird und daher gezwungen, einen Schritt ins Ungewohnte zu tun und sich weiterzuentwickeln. Der eine beklagt dies und fühlt sich als Opfer, der andere betrachtet es als Herausforderung. Wer in der Opferhaltung verharrt, versucht, sich dem Strom der Ereignisse entgegenzustemmen und an der Vergangenheit festzuhalten.

Wer hingegen schlimme Situationen als Herausforderung betrachtet, nimmt die Chance an, zu wachsen, das heißt mehr von sich selbst zu entdecken, indem er neue Seiten seines Wesens manifestiert. (In Wirklichkeit geht ja nichts verloren. Alle einmal gemachten Erfahrungen gehören zu dir, du hast sie dir gewissermaßen einverleibt, und sie bevölkern deine innere Welt. Nicht nur als Erinnerungsgespenster, sondern in einer sehr realen Weise. Jeder Mensch, der dir einmal etwas bedeutet hat, ist Teil deiner inneren Welt geworden, und ebenso jede Erfahrung, die dir etwas bedeutet hat, im Guten wie im Schlechten. Aber dies ist ein weites Thema, wir schweifen hier nicht allzu lange ab, sondern kehren zum Hauptstrom zurück.)

Nun zurück zur Welt der Gefühle. Jede Erfahrung, die du machst, wird von dir kommentiert, analysiert und eingeordnet und bewertet. Der größte Teil dieses Prozesses geschieht unterhalb der Schwelle des Bewusstseins, also im sogenannten Unterbewusstsein, und läuft automatisch ab, gemäß der Art, wie das Unterbewusstsein programmiert ist. Jede auf diese Weise verfasste Interpretation wirkt sich auf deinen Körper und dein Energiefeld aus. Die Art, wie du die Energie dieser Interpretation empfindest, wird Gefühl genannt. »Du fühlst dich so.« Gefühle sind die eigentliche Erfahrung insofern, als sie nämlich das innere Gegenstück zur äußeren Erfahrung darstellen, das innere Leben. Nur dass die Erfahrung sich nicht unmittelbar in ein Gefühl übersetzt, wie zum Beispiel »Sonnenschein« – »Freude«, sondern durch den Filter einer Interpretation: »Sonnenschein« – »im Freien sein« – »Freude«. Ein anderer denkt vielleicht: »Regen« – »Ernte gerettet« – »Freude«.

Du erlebst also etwas, schlussfolgerst daraus etwas und dann fühlst du dich entsprechend deiner Schlussfolgerung. Ein anderer Mensch erlebt etwas Gleichartiges, schlussfolgert etwas anderes daraus und fühlt sich entsprechend anders. Wenn du nun mit diesem anderen Menschen in irgendeiner Art von Beziehung stehst, so kann es geschehen, dass du auf ein Erlebnis nicht auf deine eigene Weise reagierst, sondern auf seine Weise. In diesem Moment bist du

»nicht du« und somit ein bisschen verrückt (im doppelten Sinne – etwas in dir ist am falschen Platz). Es ist eine ähnliche Verrücktheit, als wenn jemand vor der Tower Bridge in London stünde und diese mit dem Eiffelturm verwechseln würde. Oder als wenn jemand sich für Napoleon hält. Wenn du auf gewisse Ereignisse so reagierst, wie dein Vater reagiert, statt wie du selbst, bist du in dieser Hinsicht verrückt. Da du nicht dein Vater bist, verlässt du hier deinen eigenen Weg und springst sozusagen auf eine fremde Schiene auf. Von diesem Moment an stimmt alles nicht mehr. Alle Anschlüsse, alle Verbindungen, die Art, wie Ereignisse zusammentreffen, wie Menschen auf dich reagieren, alles ist nicht mehr im Lot. Deine Sichtweise ist verzerrt, deine Gedanken und Handlungen quälen dich selbst und dein Umfeld. Etwas ist aus der Ordnung geraten, und du weißt nicht, was es ist.

Um wieder vom Standpunkt der Seele zu sprechen: Die Seele hat sich in diesen Momenten in einer fremden Erfahrung eingenistet und leidet darin, weil sie ihr nicht gemäß ist. Sie sehnt sich danach, diese fremde Welt wieder abzuschütteln und ihren eigenen Weg fortzuführen, der ihr eigener ist. Diese Sehnsucht führt dazu, dass das Leid sich verdichtet und die damit verbundenen Erfahrungen deutlicher, stärker, gröber werden, bis der Mensch aus der Verwechslung erwacht und zu sich selbst zurückfindet. Somit ist jede Befreiung von einem fremden Gedanken oder Gefühl gleichzeitig eine Heimkehr der Seele zu sich selbst.

Energetisch bringt eine solche Befreiung übrigens eine Entlastung für beide Parteien: Für denjenigen, der das Gefühl übernommen hat (den »Aneigner«), ebenso wie für denjenigen, von dem es eigentlich stammt (den »Eigner«). Denn mit der geistigen Gefühlsqualität ist auch ein Stückchen Energie des Eigners an den Aneigner übergegangen, sie bleiben in gewisser Weise miteinander verklebt, worunter beide leiden, da es sie daran hindert, sich frei zu entfalten. Durch das Zurückgeben gleitet diese Energie vom Aneigner ab und kehrt zum Eigner zurück.

Teil IV

Anwendung im Alltag und in verschiedenen individuellen und kollektiven Themenbereichen

Wahrnehmen, was andere fühlen – oder meinen, es zu wissen: ein himmelweiter Unterschied

Wenn wir nur auf das achten, was wir sehen oder hören, dann können wir nicht wissen, wie der Mensch, den wir vor uns haben, sich gerade fühlt. Wir können es uns anhand seines Gesichtsausdrucks oder seiner Äußerungen vielleicht denken, aber wir wissen nicht, ob unsere Idee seinem Gefühl entspricht. Sinneseindrücke interpretieren wir automatisch auf unsere eigene, besondere Art gemäß unserer Vorgeschichte.

Wenn Ihr Partner die Stirn runzelt, interpretieren Sie vielleicht automatisch, dass er mit irgendetwas unzufrieden ist oder sich ärgert. Wenn Sie nun jemand sind, der dazu neigt, sich schuldig zu fühlen, werden Sie das auf sich beziehen. Ohne das bewusst zu bemerken und daher auch ohne das infrage zu stellen, denken Sie, dass Sie es sind, der seinen Ärger ausgelöst hat. Nun ärgern Sie sich. Warum sagt er nicht einfach, worüber er sich ärgert? Dann wüssten Sie, woran Sie sind. Aber das ist wieder typisch ... Im Handumdrehen haben Sie sich eine Fantasiegeschichte zurechtgezimmert, basierend auf Ihren eigenen Gedanken. Und diese Geschichte löst nun Emotionen in Ihnen aus. Nun werden Sie ärgerlich, wütend, traurig, fühlen sich ohnmächtig und so fort.

So geht es uns, wenn wir uns auf unsere Interpretation der Sinneseindrücke verlassen.

Fragen Sie ihn, was eigentlich wirklich hinter seinem Stirnrunzeln steckt – und ist er gerade in der Lage, das selbst zu erkennen, und gewillt, es mitzuteilen –, wird er Ihnen vielleicht sagen, dass er sich Sorgen um sein Geschäft macht. So haben Sie sich also völlig grundlos über ihn geärgert. Sie waren so sehr von Ihren eigenen Gedanken und Gefühlen hypnotisiert, dass Sie für seine innere Realität verschlossen waren. Sie haben auf seinen vermeintlichen Ärger mit »Gegenärger« reagiert.

Das ist typisch für unsere Beziehungen.

Ebenso typisch ist eine andere Variante, in der wir das Gefühl des anderen unbewusst übernehmen. Das würde in diesem Beispiel so aussehen:

Ihr Mann runzelt die Stirn, und in Ihnen löst das Sorge aus. Sie machen sich Sorgen um ihn. Die Sorgen werden in Ihren Gedanken ausgeschmückt, Sie fragen sich, ob er krank ist, ob er Probleme hat, ob es ihm nicht gut geht ... Und schon stehen Sie in der Küche und bereiten ihm sein Lieblingsgetränk zu oder denken sich eine Lösung für das aus, was Sie vielleicht für sein Problem halten.

Wenn Sie diese Sorge aber bewusst wahrnehmen, statt sich zu sorgen (also damit identifiziert zu sein), wird bei Ihnen vielleicht der Groschen fallen: Es ist seine Sorge, die Sie fühlen. Sie sorgen sich gar nicht um ihn, sondern Sie fühlen seine Sorge und halten es fälschlich für Ihr Gefühl. Nun wissen Sie, wie er sich fühlt. Sie können ihn in Ruhe lassen, im Vertrauen darauf, dass er die richtige Lösung für sein Problem findet oder Sie anspricht, wenn er dabei Unterstützung braucht. Oder Sie können ihn fragen, worüber er sich Sorgen macht. (Wenn er allerdings ein typischer Mann und gerade in seiner »Höhle« ist, wird er sagen: »Über nichts.« Das bedeutet dann aber nicht, dass er keine Sorgen hat; es bedeutet, dass er diese Sorgen nicht wahrnimmt, sondern sich darauf konzentriert, an einer Lösung seines Problems zu arbeiten, und dabei nicht gestört werden möchte.) Oder Sie können ihm sagen, dass Sie gerade den Eindruck hatten, sein Gefühl von Sorge wahrzunehmen, und ihm vorschlagen, sein Herz dafür aufzumachen, statt sorgenvollen Gedanken nachzuhängen. (Das ist nämlich viel wohltuender und bringt oft auch mehr im Sinne einer Problemlösung.)

Es gibt also eventuell einen großen Unterschied zwischen dem Gefühl, das wir aufgrund äußerer Zeichen in einen anderen hineinfantasieren, und dem Gefühl, das er tatsächlich gerade hat. Dieses steht nicht auf seiner Stirn geschrieben, aber in unserem Herzen können wir es fühlen.

Dazu müssen wir auf unsere innere Wahrnehmung achten, und unser Herz muss offen sein.

Diesen fühlenden Kern unseres Wesens versuchen wir aber zu verschließen, wenn uns ein Gefühl entgegenkommt, vor dem wir Angst haben oder das wir aus anderen Gründen ablehnen. Wir fühlen es zwar unterschwellig trotzdem, aber wir reagieren verschlossen – mit Wut, Angst, Mitleid oder Schuldgefühl. Hätten wir dennoch den Wunsch, wahrzunehmen, wie der andere sich fühlt, so müssten wir zuerst unser Herz für diese eigenen Emotionen öffnen. Dann ist es offen auch für die des anderen. Nun können wir sie einfach fühlen. Das ist es, was man »Mitgefühl« nennt.

Es ist die Fähigkeit, die Emotion eines anderen zu fühlen, ohne sich oder ihn damit zu identifizieren. Das Gefühl jener Person berührt unser Herz, das ihm mit seinen natürlichen Regungen antwortet – neben Mitgefühl vor allem Verständnis und Respekt.

Indem wir uns vor dem Gefühl eines anderen zu schützen versuchen, geschieht genau das, was wir vermeiden wollten: Nun kann es in uns eindringen. Es wird ja von unserer bewussten Aufmerksamkeit gar nicht bemerkt und schon gar nicht als Gefühl des anderen erkannt, sodass wir es nun unbewusst fühlen und uns möglicherweise damit identifizieren. Wir übernehmen es, und es beherrscht uns.

Unser emotionales Immunsystem heißt »Bewusstheit und Unterscheidungsvermögen«. Ein Gefühl, das wir nicht bewusst wahrnehmen, kann sich in unserem Energiefeld ausbreiten und unseren Körper, unser Denken, unser Verhalten beherrschen. Was wir bewusst wahrnehmen und erkennen als das, was es ist, hat keine Chance dazu.

Gefühle anderer übernehmen – oder die Verantwortung dafür übernehmen: noch ein großer Unterschied

Manchmal übernehmen wir nicht das Gefühl des anderen, sondern übernehmen Verantwortung dafür.

> Coralie ist traurig, weil ihre Mutter und sie nicht mehr mit ihrem Vater zusammenleben. Coralies Mutter, Marie-José, fühlt sich für diese Trauer verantwortlich und versucht alles, um das Kind fröhlicher zu stimmen. Bei jedem dieser Versuche zieht sich Coralie tiefer in sich selbst zurück und wird abweisender. Marie-José weiß nicht mehr, was sie tun soll.

Was ist geschehen? Marie-José fühlt sich für die Trauer des Kindes verantwortlich, weil sie es war, die die Trennung von ihrem Mann, dem Vater des Mädchens, herbeigeführt hat. Sie fühlt sich schuldig. Dieses Schuldgefühl kann sie nicht ertragen, und deshalb versucht sie, dafür zu sorgen, dass das Kind nicht mehr traurig ist. Was Coralie aber braucht, ist keine Mutter, die zur Beschwichtigung ihres eigenen Schuldgefühls versucht, ihre Trauer – die ihr momentanes Bindeglied zu dem verlorenen Vater ist – zu vertreiben, sondern eine Mutter, die ihr Gefühl versteht und achtet.

Als Marie-José das Problem mit Körperzentrierter Herzensarbeit anschaut, entdeckt sie ihr Schuldgefühl und erkennt, dass sie dem Kind nicht aus Liebe und Mitgefühl zu helfen versucht, sondern um sich nicht schuldig fühlen zu müssen. Sie öffnet ihr Herz für ihr Schuldgefühl; es ist nicht ganz leicht zu erkennen, dass »Schuld« keine Tatsache, sondern ein Gefühl ist; zuerst einmal braucht es Erbarmen und Mitgefühl, dann Anerkennung und Erlaubnis und, schließlich, als Gefühl erkannt zu werden. Und auch eine Art Würdigung. Danach hat Marie-José auf einmal Verständnis für Coralie, die sich gegen ihre Gefühlsverdrängungs-Versuche gewehrt hatte. Sie kann Coralies Trauer nun fühlen und merkt, dass sie Mitgefühl, Achtung, Raum und Würdigung braucht. So hat sie innerlich ihr Herz für die Trauer ihrer Tochter geöffnet. Dabei wird ihr bewusst, dass sie selbst auch Trauer über die Trennung in sich trägt, die sie bisher hinter all den anderen Gefühlen – Wut, Ohnmacht, Frustration – verdrängt hatte. Auch für ihre eigene Trauer kann sie nun ihr Herz öffnen.

Nach dieser Sitzung erlebt sie Coralie als wesentlich zugänglicher und weniger verschlossen.

Schuldgefühl, Mitleid, Nicht-ertragen-Können und Angst sind die hauptsächlichen Gründe, aus denen heraus wir die Verantwortung für die Gefühle übernehmen, die wir in anderen ahnen oder wahrnehmen. Dem anderen ist damit nicht wirklich gedient; ähnlich wie bei der Gefühlsübernahme entsteht ein emotionales Durcheinander, eine Art Verwobensein, das beide am Weiterkommen hindert. Die

Lösung besteht darin, aufzuhören, sich mit Schuld, Angst, Nicht-aushalten-Können oder Mitleid zu identifizieren, und sie als das wahrzunehmen, was sie sind – Gefühle –, und ihnen sein Herz zu öffnen. Sobald wir unsere eigenen Emotionen ins Herz geholt haben, ist unser Herz offen für die Gefühle des anderen. Nun können wir sie mit Mitgefühl, Verständnis und Achtung wahrnehmen und aufhören, die Verantwortung dafür zu übernehmen.

Die wohltätige Wirkung dieser Entflechtung kann nur jemand ermessen, der sie in der Praxis erfahren hat. Wenn man nie erlebt hat, was es bedeutet, wirklich sein Herz für einen anderen zu öffnen, kann man schwer verstehen, wieso es nicht kalt und lieblos sein soll, keine Verantwortung für die Gefühle eines anderen zu übernehmen.

Mitteilen oder nicht: Wie soll man damit umgehen, wenn man das Gefühl eines anderen wahrnimmt?

Wenn Sie bei einer Person ein Gefühl bemerken, weil Sie wach genug dazu waren, es nicht einfach zu übernehmen oder unbewusst darauf zu reagieren, sondern es gleich im ersten Moment als sein oder ihr Gefühl zu erkennen – ist es dann klug, das dem Betreffenden mitzuteilen?

Wie man damit am besten umgeht, hängt natürlich davon ab, welcher Art die Beziehung ist und ob der andere für Mitteilungen dieser Art überhaupt offen ist. Ich selbst finde es hilfreich, wenn jemand mir mitteilt, welche Gefühlssignale er/sie von mir empfängt; es könnte sich ja um Gefühle handeln, die ich nicht bewusst bemerke, und die Mitteilung gibt mir Gelegenheit, sie mir bewusst zu machen und ihnen mein Herz zu öffnen. Von daher begrüße ich es, wenn jemand mir so etwas mitteilt. Allerdings nur, wenn es in einer freundschaftlichen oder neutralen und respektvollen Form geschieht. Jemanden mit Achtung zu behandeln bedeutet, bei solchen Mitteilungen immer die Möglichkeit zu berücksichtigen, dass man sich geirrt haben könnte, und sich nicht einzumischen. Biete mir die Information an und überlasse es mir, zu entscheiden, ob sie für mich stimmig und sinnvoll klingt oder nicht. Schwer anzunehmen ist eine Mitteilung, wenn sie aus emotionaler Reaktion heraus geschieht statt aus offenem Herzen.

Etwa so: Du hast heute schon den ganzen Tag diesen Ärger in dir, kannst du dir den *bitte* mal angucken?

Diese Form enthält zwei Elemente, die nicht korrekt sind.

Fehler eins: Die mitteilende Person bemerkt ihren eigenen Ärger nicht (der entweder ihre emotionale Reaktion ist oder mein Gefühl, das sie übernommen hat); Fehler zwei: Sie nimmt etwas als gegeben, was nur eine Vermutung sein kann. Was ein Mensch fühlt, kann letztlich nur er selbst fühlen, so genau wir auch meinen, es mitzubekommen.

Wenn Sie also den Eindruck haben, ein Gefühl einer anderen Person wahrzunehmen, und den Wunsch, ihr das mitzuteilen, prüfen Sie zuerst, ob eine eigene Emotion dahintersteckt (Ärger, Wut, Unsicherheit, Nicht-aushalten-Können etc.), und öffnen Sie Ihr Herz dafür. Und wenn Sie die Person auf das Gefühl aufmerksam machen, so formulieren Sie es als das, was es ist: ein Eindruck, den Sie gewonnen haben, der aber falsch sein kann, und erwarten Sie keine Antwort. Sonst wird es als Einmischung und Übergriff empfunden.

Wenn es nur eine Information ist und nichts weiter, kann der Betreffende ganz in Ruhe prüfen, ob sie für ihn relevant ist oder nicht. Schwingt da jedoch Emotion mit – also Ärger, Druck, Vorwurf, Erwartung, Mitleid –, dann wird er nicht die Information hören, sondern diese Emotion, und darauf reagieren.

Vom falschen und richtigen Zurückgeben

Oft versuchen wir, unbewusst Gefühle an die Person zurückzugeben, von der wir sie übernommen haben, aber auf die falsche Weise. Falsch deshalb, weil die Situation nicht richtig erkannt wird und weil der Versuch nicht das Gewünschte bewirkt.

> Tommy ärgert sich über Vera; Vera fängt diesen Ärger unbewusst auf und ist nun ihrerseits ärgerlich. Sie hängt an diesen (von Tommy übernommenen) Ärger ihre eigenen Interpretationen und richtet den Ärger gegen Tommy.

Vera hat Tommys Ärger gespürt, ihn auf sich bezogen, hat sich verletzt gefühlt. Diesen Schmerz will sie aber nicht haben, deshalb versucht sie, ihn dorthin zurückzuschicken, wo er herkommt: zu Tommy. Sie nimmt seinen Ärger und richtet ihn auf ihn.

Das ist »falsches« Zurückgeben. Es funktioniert nicht.

Es verbleibt Ärger bei Vera, und es verbleibt Ärger bei Tommy. Wahrscheinlich entsteht weiterer Ärger. Vera geht es schlechter als vorher (weil sie nun seinen Ärger plus ihre unerfreulichen Gedanken in sich hat); Tommy geht es schlechter als vorher (weil er seinen Ärger hat und außerdem noch mit Veras unfreundlicher Reaktion fertigwerden muss). Richtiges Zurückgeben würde so aussehen:

Tommy ärgert sich; Vera spürt diesen Ärger unterschwellig und identifiziert sich mit ihm. Sie bemerkt, dass sie sich ärgert, und erkennt, dass der Ärger, den sie verspürt, eigentlich Tommys Gefühl ist, das sie aufgefangen hat. Sie gibt es ihm zurück. Während des Zurückgebens öffnet sich ihr Herz (das geschieht dabei oft automatisch), und plötzlich hat sie Verständnis für seinen Ärger.

Resultat: Vera geht es gut; Tommy geht es besser (weil ihm Verständnis entgegengebracht wird).

Gefühle sortieren: Tipps für Eltern, Lehrer und Erzieher

Kinder sind natürlicherweise besonders empfänglich für die emotionalen Signale ihrer Eltern (oder sonstigen Bezugspersonen). Sie sind ihnen ja zumindest in den frühen Jahren mit Haut und Haaren ausgeliefert und im existenziellen Sinne von ihnen abhängig. Wie ich schon im Kapitel über Gefühlsübernahmen von Familienangehörigen ausführte, identifizieren wir uns in unserer Kindheit oft mit Gefühlen unserer Eltern und behalten diese Identifikation unbewusst bis ins Erwachsenenalter, manchmal unser ganzes Leben hindurch. Außerdem sind Kinder auch in besonders starkem Maße beeinflussbar durch die Gefühle, die Eltern in sie hineinprojizieren. Im negativen Sinne können dies beispielsweise Sorge und Angst sein, aber auch Sehnsüchte, die sich im Leben der Eltern nicht erfüllt haben und die diese nun in ihrem Kind verwirklicht sehen wollen.

Ich bin oft gefragt worden, wie man seine Kinder von dieser Last eigener emotionaler Bürden befreien könne. Soll man mit ihnen Körperzentrierte Herzensarbeit üben und sie lehren, Gefühle zurückzugeben? Die Lösung ist viel einfacher. Als Elternteil können Sie Ihr Kind entlasten, indem Sie Ihre eigenen Gefühle zu sich zurücknehmen.

Wenn Sie sich beispielsweise ständig um Ihr Kind Sorgen machen, lenken Sie Ihre Aufmerksamkeit statt auf Ihr Kind einmal auf Ihr eigenes sorgenvolles Gefühl. Wie fühlt es sich an? Wo sitzt es im Körper? Fühlen Sie es bewusst und prüfen Sie, was es von Ihrem Herzen braucht. Mit jeder Sorge sind eine Angst und ein Wunsch verbunden. Es gibt etwas, was Sie befürchten, und es gibt etwas, was Sie sich wünschen. Beides stellen Sie sich unwillkürlich vor. Beispielsweise haben Sie Angst, dass Ihr Kind sich verletzt, und wünschen sich, dass es gesund und munter bleibt. Öffnen Sie Ihr Herz auch für diese Angst und für diesen Wunsch. Gehen Sie noch weiter und schauen Sie auch das an, wovor Sie Angst haben (wenn nun Ihr Kind sich verletzt

– wie fühlt sich diese Vorstellung körperlich an und wie fühlen Sie sich?), und ebenso das, was Sie sich wünschen (Ihr Kind ist und bleibt gesund und munter – wie fühlen Sie sich?). Erkennen Sie diese Gefühle als Gefühle, anstatt sie weiter mit Tatsachen zu verwechseln. Geben Sie ihnen, was sie von Ihrem Herzen brauchen. Wenn Liebe, Zärtlichkeit, Vertrauen auftauchen, holen Sie diese ebenfalls ins Herz. Es sind auch Gefühle.

Am Ende werden Sie sich in einem Zustand befinden, in dem Ihr Herz für Ihre eigenen Gefühle offen ist und ebenso für die Gefühle Ihres Kindes, und Sie werden seine und Ihre Gefühle auseinanderhalten können. Sie werden daraus eine Haltung von nicht nur Mitgefühl und Verständnis, sondern auch Achtung Ihrem Kind gegenüber entwickeln und erkennen, dass es nicht nur klein und von Ihnen abhängig ist, sondern zugleich auch ein eigenständiges Wesen mit einem eigenen Schicksal. Und vor allem: Dadurch, dass Sie aufgehört haben, sich mit Ihren Emotionen zu identifizieren, projizieren Sie sie nun nicht mehr auf Ihr Kind. Beobachten Sie, welche Veränderungen sich in Ihrem Verhältnis und im Verhalten Ihres Kindes ergeben. Ihr Kind wird vermutlich einen Zuwachs an Selbstvertrauen, Freiheit und Lebendigkeit manifestieren.

Umgekehrt kann es auch geschehen, dass ein Elternteil Gefühle eines Kindes übernimmt und sich damit identifiziert. Auch hier wäre eine klare Unterscheidung und Trennung hilfreich. Wenn Ihr Kind traurig ist und Sie übernehmen diese Trauer und sind auch traurig, ist Ihrem Kind nicht viel geholfen. Was ihm nützen würde, wäre, wenn Sie seine

Trauer als seine Trauer erkennen und ihr mit offenem Herzen begegnen, das heißt ihm zeigen, dass Sie Verständnis, Mitgefühl und Achtung dafür haben. Auf diese Weise vermitteln Sie dem Kind den Eindruck, dass Sie für es da sind; Sie geben ihm Halt und helfen ihm, seine Trauer als Gefühl zu durchleben, statt in ihr unterzugehen. Wie hilfreich wäre wohl ein Vater für ein Kind, wenn er sich von der Angst seines Kindes anstecken ließe? Ebenso wenig wie derjenige, der dieser Angst kein Verständnis und keinen Respekt entgegenbringt. »Du brauchst keine Angst zu haben« bewirkt, dass das Kind seine Angst verdrängt (und später umso mehr von ihr beherrscht wird). »Ich verstehe, dass du Angst hast, und Angst ist wirklich ein schlimmes Gefühl. Ich habe das auch erlebt.« Das ist eine Haltung, in der wir die Angst beim Kind lassen und signalisieren, dass wir ein offenes Herz dafür haben und ihm Halt geben.

Eltern, die sich ihrem Kind gegenüber schuldig fühlen, neigen dazu, die Verantwortung für die Gefühle ihres Kindes zu übernehmen. Oft ist das der Fall bei alleinerziehenden Müttern, die die Väter dieser Kinder verlassen haben und sich die Schuld für das Unglück ihres Kindes zuschreiben (wie bereits in der Geschichte von Coralie erzählt). Hier ist eine sorgfältige Trennung von »deinen Gefühlen – meinen Gefühlen« ganz besonders hilfreich. Öffnen Sie Ihr Herz für jedes Ihrer Gefühle; fragen Sie sich, welches Sie von Ihrem Kind (oder Ihrem Expartner) übernommen haben, und geben Sie alle Gefühle, die Ihnen nicht gehören, zurück. Öffnen Sie Ihr Herz für die Gefühle Ihres Kindes, ohne sich damit zu identifizieren – und ohne Ihr Kind damit zu identifizieren (das heißt in dem Bewusstsein, dass es sich um ein Gefühl und nicht um eine bleibende Tatsache handelt). Auf diese Weise hören Sie auf, diese Gefühle in Ihrem Geist festzuschreiben, und erlauben den Emotionen, wieder in ihren natürlichen Zustand zurückzukehren, der flüssig und wandelbar ist.

Die in diesem Kapitel gegebenen Empfehlungen gelten sinngemäß für alle Angehörigen von Berufen, die mit Kinderbetreuung zu tun haben.

Hilfreiche Hinweise für Helfer

Ärzte, Psychotherapeuten, Pfleger, Sozialhelfer, Betreuer, Leute, die Menschen in Kriegsgebieten helfen … Personen mit einem Beruf, der seelische Konflikte und Belastungen mit sich bringt, können von der Körperzentrierten Herzensarbeit enorm profitieren, insbesondere von der Technik des Zurückgebens. Denn als Helfer neigt man manchmal dazu, sich mit Gefühlen der betreuten Personen zu identifizieren.

Es gibt in diesen Berufen Menschen, die sehr gut in der Lage sind, ihre Gefühle von denjenigen der Betreuten zu trennen, und deshalb ihre Arbeit ohne emotionale Verwicklungen verrichten können, und andere, die ihre Gefühle ganz einfach ignorieren. Es gibt auch solche, die viel Herz haben, die sich engagieren und mitleiden und letztlich selbst daran erkranken. Manche übernehmen die Verantwortung für die Gefühle ihrer Betreuten, und manche übernehmen überhaupt deren Gefühle.

Wie kann man gesund und glücklich bleiben, wenn man den Großteil seiner Zeit mit kranken, alten, schwachen und/oder leidenden Menschen verbringt?

Ganz sicher ist es für die meisten, die sich in dieser Lage befinden, notwendig, sich einen Ausgleich zu schaffen, indem sie in ihrem Privatleben unbeschwerte Kontakte mit Gesunden pflegen, sich in die freie Natur begeben, Sport treiben oder tanzen und dafür sorgen, ihr Herz mit guten, schönen, heiteren, beglückenden Eindrücken und Tätigkeiten zu nähren.

Jedoch das Entscheidende ist aus meiner Perspektive der Umgang mit den Gefühlen. Wie kann ich mich von den Gefühlen der von mir betreuten Personen abgrenzen, ohne herzlos zu sein? Oder: Wie kann ich aufhören, mich mit Mitleid und Überengagement aufzureiben? Oder: Wie kann ich mein Herz den Gefühlen der von mir betreuten Personen öffnen, ohne Schaden zu nehmen? Ist es nicht gefährlich, wenn ich mich öffne? Oder: Wie kann ich unbeschwert und glücklich sein, wenn andere so sehr leiden? Oder: Ich bin schon zu lange in diesem Beruf und habe keine andere Lösung für mich gesehen, als abzustumpfen, sonst kann ich nicht damit umgehen … Aber das Abgestumpftsein tut mir auch nicht gut. Ich habe aber auch keine Lust, mich wieder zu öffnen, ich verliere zu viel Energie dabei. Wie kann ich mein Herz wieder aktivieren, ohne leer gesogen zu werden? Oder: Ich habe angefangen, meine Betreuten zu hassen, und möchte am liebsten nichts mehr mit ihnen zu tun haben. Wie kann ich mir helfen? Oder: Wie kann ich ihnen am besten helfen? Das sind einige der Probleme, mit denen Helfer und Heiler zu mir kommen.

Die gesunde Alternative für alle Helfer: Nehmen Sie Ihre eigenen Gefühle mit der richtigen Bewusstheit wahr. Hören Sie auf, sich mit Mitleid, Ohnmacht, Hilflosigkeit, Frustration, Wut, dem Wunsch zu helfen, dem Gefühl des Nichtertragen-Könnens, dem Entsetzen, der Angst, der Überforderung, der Sympathie, der Abneigung zu identifizieren; nehmen Sie Ihre Gefühle bewusst wahr und öffnen Sie ihnen Ihr Herz. Rufen Sie sich die Sehnsucht in Erinnerung, aus der heraus Sie einmal diesen Beruf ergriffen haben, und prüfen Sie, was sie von Ihrem Herzen braucht. Machen Sie sich bewusst, welche Gefühle Sie von Ihren Patienten, Klienten oder Schützlingen übernommen haben. Öffnen Sie Ihr Herz dafür, aber identifizieren Sie sich nicht weiter damit. Achten Sie auf das eigene Gefühl, das nach dieser Rückgabe auftaucht, und öffnen Sie Ihr Herz auch dafür (wie im Technik-Teil ausführlich beschrieben).

Anita ist Altenpflegerin. Sie hat diesen Beruf ergriffen, weil sie alte Leute gerne mag und einen guten Kontakt zu ihnen hat und weil sie es empörend fand, wie die Menschen in Altersheimen oft behandelt werden. Nun ist sie schon über zehn Jahre in diesem Beruf, und ihre ursprüngliche Motivation ist hinter dem alltäglichen Frust zurückgetreten. Es bleibt ihr und ihren Kollegen viel zu wenig Zeit, um sich so um die alten Menschen zu kümmern, wie es eigentlich richtig wäre; sie verbringen viel zu viel Zeit mit den technischen Notwendigkeiten und viel zu wenig Zeit mit menschlichem Kontakt, weil sie zu wenig Personal haben. Außerdem werden sie von oben drangsaliert, von den Alten oft boykottiert, sind überarbeitet und schlecht bezahlt. Anita hat es aufgegeben, sich darüber zu ärgern – es ist eben so. Sie tut ihr Bestes, um die Alten in der wenigen Zeit, in der sie mit ihnen in direktem Kontakt ist, aufzumuntern, zu unterhalten oder zu trösten, aber sie merkt selbst, dass sich das nicht mehr echt anfühlt.

In der Körperzentrierten Herzensarbeit entdeckt sie als Erstes ein großes Gefühl von Hilflosigkeit und Ohnmacht, das ihr jetzt zum ersten Mal bewusst wird und mit dem sie stark identifiziert ist. Es ist auch Resignation dabei, fast so etwas wie Kapitulation. Als sie versucht, diese Gefühle ins Herz zu holen, wird sie sich dessen bewusst, dass sie eigentlich gar nicht in ihr Herz gehören – sondern in die Herzen der von ihr betreuten alten Menschen. Sie hat diese Gefühle nicht nur von einer, sondern von einer ganzen Reihe von Personen übernommen. Nach der Rückgabe fühlt sie, wie die Kraft wieder zu ihr zurückkehrt.

Sie öffnet ihr Herz für die Wut, die sie auf die Leitung des Hauses hat, für die Gefühle von Sympathie und Mitleid, die sie für ihre Schützlinge hegt, für ihren Wunsch nach Unbeschwertheit, und sie erinnert sich schließlich an ihre ursprüngliche Motivation, die in einer Empörung gelegen hatte. Die Empörung darüber, wie schlecht die alten Menschen oft behandelt werden. Auch diese Empörung macht sie sich – rückwirkend, denn sie ist längst in Vergessenheit geraten – noch einmal bewusst und öffnet ihr Herz dafür (sie braucht Anerkennung, Achtung und Wahrnehmung als Gefühl). Sie entdeckt den Schmerz unter der Empörung, der eigentlich aus zwei Gefühlen besteht: Unrecht und Ausgeliefertsein. Sie entdeckt, dass dies ihre Gefühle sind (die sie in die alten Menschen hineinprojiziert hatte), und öffnet ihr Herz dafür. Nun ist sie in der Lage, diese Menschen ohne die Brille der Überzeugung, »sie sind an ein Unrecht ausgeliefert«, zu sehen, und erkennt, dass das Schicksal dieser Menschen eine weitaus individuellere und vielschichtigere Angelegenheit ist, in dem auch andere Faktoren eine Rolle spielen – zu komplex, um es überhaupt als Außenstehender beurteilen zu können.

Sie entdeckt, was es bedeutet, den Menschen mit einem wirklich offenen Herzen zu begegnen – sich dem zu öffnen, was sie tatsächlich fühlen, anstatt auf das fixiert zu sein, was sie fühlen würde, wenn sie an ihrer Stelle wäre. Von diesem Moment an begegnet sie den alten Menschen mit einem neu erwachten Interesse, mit einer neu gewonnenen Achtung und einer echten Anteilnahme, ohne sich aber mit deren Gefühlen zu identifizieren. Sie merkt, dass diese neue Einstellung ihr Energie gibt, dass sie wieder Freude am Kontakt hat und zugleich die Unbeschwertheit, nach der sie sich so sehr gesehnt hatte – da sie keine fremden Gefühle mehr übernimmt und ihre eigenen jetzt bewusster wahrnimmt.

Sie merkt auch, dass diese neue Haltung noch sehr labil ist und sie die neu entdeckten Gefühle Tag für Tag sehr bewusst pflegen muss, um nicht wieder in das alte Muster zu fallen.

Manchmal werde ich gefragt, ob man nicht absichtlich von Menschen Gefühle übernehmen und durch Herzensarbeit transformieren kann, um diesen Menschen weiterzuhelfen. Beispielsweise wenn es sich um jemanden handelt, der nicht in der Lage ist, mit seinen Gefühlen bewusst umzugehen, und der vielleicht stark unter Emotionen leidet, die ihm aufprojiziert wurden oder die er übernommen hat.

Wenn Sie als Therapeut oder Betreuer den Auftrag haben, der von Ihnen betreuten Person durch ihre emotionalen Schwierigkeiten zu helfen, und diese Person nicht in der Lage ist, selbst emotionale Bewusstheit zu entwickeln, dann kann die absichtliche Übernahme ihrer Gefühle eine Möglichkeit sein.

Sie besitzen vielleicht ein gutes Einfühlungsvermögen und können die Gefühle des Betreuten sozusagen in sich hineinholen und am eigenen Leib spüren. Prüfen Sie die Herzensschlüssel durch, wie Sie es bei einem eigenen Gefühl tun würden. Auf diese Weise merken Sie in Ihrem eigenen Herzen, was das Gefühl vom Herzen des Betreffenden braucht – und geben vielleicht auf diese Weise einen Anstoß zur Bewusstwerdung und Heilung.

Vielleicht merken Sie auch intuitiv, welches Gefühl der Betreffende von einer anderen Person übernommen hat, und können es an seiner Stelle an den eigentlichen Eigner des Gefühls (bekannt oder unbekannt) zurückgeben. Wahrscheinlich können Sie dem Betreffenden weder seine Gefühle noch seine Gefühlsübernahmen noch den Grund, aus dem heraus er/sie so unbewusst oder behindert ist, abnehmen (was sicher auch nicht in seinem Sinne richtig wäre), aber ihm möglicherweise einen Impuls geben, der ihm zur Klarheit verhilft und sein Herz anregt, sich zu öffnen.

Jedoch würde ich immer vorschlagen, sich zuerst mit Herzensarbeit um seine eigenen Motive zu kümmern. Manchmal reicht das schon aus, wie Sie merken werden.

Wenn Sie keinen Auftrag haben, prüfen Sie, warum Sie den Wunsch haben, sich einzumischen. Machen Sie sich bewusst, dass Sie nicht wirklich über das Schicksal, den Lebenszweck, die verborgenen Motive des Betreffenden Bescheid wissen. Prüfen Sie Ihre Gefühle. Tun Sie das nicht oberflächlich, sondern »körperzentriert«.

Ansatz: Was wäre, wenn ich mich nicht einmische und die Person weiterleidet? Wie fühlt sich das in meinem Körper an, wie fühle ich mich, was braucht dieses Gefühl von meinem Herzen? Wie fühlt es sich an, wenn ich mir vorstelle, ich mische mich erfolgreich ein und der Person geht es besser? Wie fühle ich mich damit, und was braucht das von meinem Herzen? Öffnen Sie Ihr Herz für die Wünsche, Ängste und sonstigen Emotionen, die dabei auftauchen. Vielleicht haben Sie auch die Hilflosigkeit und das Nicht-ertragen-Können des Betreffenden übernommen und identifizieren sich damit. Erkennen Sie beide als Gefühle und geben Sie sie zurück.

Das Beste, was Sie den Menschen anbieten können, denen Sie helfen möchten, ist eine Aufmerksamkeit, die frei von der Identifikation mit eigenen Gefühlen ist (wie Hilflosigkeit, Mitleid, Nicht-ertragen-Können, Schuldgefühl, Gut-sein-Wollen …) und bei der das Herz beteiligt ist. Wenn Sie einem Menschen keine Achtung entgegenbringen (Achtung bedeutet auch, ihn groß genug zu sehen, um sein eigenes Schicksal zu ertragen), ist Ihr Herz für ihn nicht offen. Achtung ist ein wichtiger Herzensschlüssel. Machen Sie sich bewusst, dass Sie den Menschen klein und hilflos sehen, und schauen Sie sich an, was dieses Bild in Ihnen auslöst. Das sind Ihre Gefühle. Sie haben mit der Realität des anderen nichts zu tun.

Ja, aber die Person, um die es sich handelt … ist ein kleines Kind, werden Sie vielleicht einwenden, und Opfer seiner Eltern, und ich fühle mich wirklich aufgerufen zu helfen.

Ich bin der Auffassung, dass Sie am besten helfen können, wenn Sie sich zuerst mit jeglicher Identifikation mit eigenen Gefühlen frei machen (indem Sie Ihr Herz dafür öffnen) und alle vom anderen übernommenen Gefühle als solche erkennen und zurückgeben. Wie können wir helfen, wenn es uns gar nicht um den anderen geht, sondern um unsere eigenen Emotionen, die wir nicht aushalten zu können meinen? Unsere eigenen emotionalen Reaktionen auf das Leid eines anderen verstellen uns den Blick auf das, was wirklich erforderlich ist. Mit offenem Herzen haben wir Zugang zum Herzen des anderen und erkennen intuitiv, ob und in welcher Weise wir im Interesse der Person, sei sie nun ein Kind oder ein Erwachsener, handeln können.

Wenn unser Herz frei von der Identifikation mit Emotionen und offen ist, können wir wahrnehmen, wie der andere sich wirklich fühlt, welche Nöte und Kämpfe, welche Sehnsüchte und Ängste sich in seinem Innern abspielen. Wenn wir diese mit Mitgefühl, Verständnis und Achtung, aber ohne Identifikation mit seinen oder unseren Gefühlen wahrnehmen, tun wir wahrscheinlich das Beste, was wir für diesen Menschen tun können.

Manchmal ist natürlich ein Eingreifen auf der äußeren Ebene notwendig, wenn es sich beispielsweise um tatsächliche Gewalt handelt. Aber auch hier hilft es, erst einmal emotionale Klarheit herzustellen, um aus dem Herzen und nicht aus der Emotion heraus zu handeln. Wir können dann klarer erkennen, was zu tun ist, und haben mehr Kraft.

Konflikte beilegen durch Erkennen und Zurückgeben von Fremdgefühlen

Die meisten unserer Konflikte beruhen auf Missverständnissen. Missverständnis Nummer eins besteht darin, dass wir Gefühle auf andere projizieren, die mit ihnen nichts zu tun haben.

> Mein Mann fragt, ob ich diese Schuhe wirklich kaufen will. »Ja«, sage ich, »ich brauche sie, und sie gefallen mir, ich wäre dumm, wenn ich sie jetzt nicht kaufe.« Obwohl ich meinen Kauf erfolgreich verteidige und mein Mann nichts weiter dazu sagt, fühle ich mich, als habe er mir verboten, sie zu kaufen, und spüre eine große Wut in mir aufsteigen. Ich frage mich, welches Recht er verflixt noch mal hat, sich in meine Einkäufe einzumischen. Das sind Wut-Gedanken. Ich spüre meinen Atem und konzentriere mich darauf, die Wut in meinem Körper zu spüren. Ich kann mein Herz für sie

aufmachen. Worüber bin ich so wütend? Wie habe ich mich eigentlich wirklich gefühlt? »Entmündigt« ist das Wort, das auftaucht. Mit einiger Mühe gelingt es mir, das auch als Gefühl wahrzunehmen.

Schließlich merke ich, dass es ein altes Gefühl ist, das gar nicht in diese Situation gehört. Als ich danach wieder zur Szene vor dem Schuhgeschäft zurückschaue, wird mir bewusst, dass mein Mann eigentlich nur gefragt hat, ob ich diese Schuhe tatsächlich kaufen will. Und dass er vielleicht meinen Zweifel aufgefangen hat. Ich finde sie nämlich praktisch, aber nicht schön.

Missverständnis Nummer zwei kann daraus entstehen, dass wir ein Gefühl unseres Konfliktgegners übernommen haben, ohne es zu wissen.

Peter: Ich hatte eine heftige Auseinandersetzung mit meinem Bruder. Er warf mir vor, arrogant und überheblich zu sein, und ich hielt dagegen, er müsse doch selbst sehr arrogant und überheblich sein, um so über mich zu urteilen. Ich war nach diesem Streit verletzt und wütend.

Als ich mir diese Gefühle anschaute, merkte ich, dass ursprünglich er es war, der sich verletzt und wütend gefühlt hatte – aber anstatt diesen Gefühlen Aufmerksamkeit zu schenken, hatte er versucht, sie loszuwerden, indem er mich angriff. Ich hatte offenbar sein Gefühl von Wut und Verletztsein unbewusst gefühlt, mich damit identifiziert und dann ebenfalls versucht, es ihm verbal zurückzugeben.

Nun gab ich es ihm bewusst und unidentifiziert als Gefühl zurück. Danach konnte ich erkennen, dass mein Verhalten tatsächlich als überheblich interpretiert werden konnte. Ich ging zu ihm, erklärte ihm das und bat ihn um Entschuldigung. Mit der Mitteilung der beiden Gefühle konnte er zwar nichts anfangen, aber die Entschuldigung tat ihm gut, danach konnten wir uns in den Arm nehmen, und er entschuldigte sich auch und sagte: »Schwamm drüber.«

Wenn Sie in Konfliktsituationen solche Gefühlsübernahmen verhindern wollen, schalten Sie mitten in der Situation Bewusstheit ein – ganz gleich, was gerade gesagt oder getan wird, spüren Sie Ihren Atem und achten Sie darauf, wie Sie sich fühlen. Machen Sie sich klar, dass die Möglichkeit besteht, dass das, was Sie fühlen, die Emotion des anderen sein könnte. Sie werden sie dann sofort als solche erkennen und nicht in die Falle tappen, sich damit zu identifizieren. Es hilft Ihnen sogar, besser zu verstehen, was in der anderen Person vorgeht, und Ihr Herz dafür zu öffnen.

Frauke berichtet: Mitten in einem Konflikt mit einer Freundin habe ich ihr innerlich ihre Wut und Ablehnung zurückgegeben. Danach bin ich sehr ruhig geblieben, konnte ihr zuhören, meinen eigenen Teil am Konflikt anschauen und eine Herzensverbindung mit ihr finden. Jetzt fühlt sich unsere Verbindung klar und gereinigt an. Da ist nichts zurückgeblieben von dem Ärger, der monatelang zwischen uns geschwelt hat.

Ich kann mir vorstellen, dass auch bei Konflikten zwischen Gruppen oder Völkern Gefühlsübernahmen eine große Rolle spielen. Vor allem drei Arten:

- die Übernahme von Gefühlen der gegnerischen Gruppe
- die Besetzung durch Gefühlspakete im Krieg oder Kampf verstorbener Vorgänger
- die Ansteckung durch Kollektivgefühle

Hier könnte das Auseinandersortieren der Gefühle, die Rückgabe von Fremdgefühlen und natürlich die Körperzentrierte Herzensarbeit von großer Nützlichkeit sein – vorausgesetzt, auf einer Seite der Konfliktparteien besteht überhaupt Interesse am Beenden der mörderischen Verstrickung.

Wie Gefühlsrückgabe helfen kann, Rassenhass und Vorurteile zu überwinden

Wenn wir, eingestanden oder uneingestanden, eine Abneigung oder Verachtung gegenüber den Angehörigen einer bestimmten Nation, Religion oder Rasse hegen, dann ist es möglich, dass Gefühlsübernahmen im Spiel sind.

Es kann sein, dass diese Emotionen mitsamt den dazugehörigen Vorurteilen von den Eltern übernommen wurden; es kann aber auch sein, dass Emotionen von denjenigen übernommen wurden, gegen die sich das Vorurteil richtet.

Hendrik hatte eine große Abneigung gegen die Angehörigen eines bestimmten Volkes. Nennen wir sie Kathenier. Diese Abneigung hatte eine Vorgeschichte: Hendrik hatte viele Jahre lang als Reiseleiter bei einem Tourismusunternehmen gearbeitet. Er war blond, blauäugig und sehr attraktiv, was ihm in Kathenien, wo er zuletzt arbeitete, eine verächtliche und ungerechte Behandlung seitens einheimischer Männer eintrug (die im Allgemeinen klein und dunkelhaarig waren). Obwohl er seine Arbeit sehr gut machte und im Umgang mit jedem Mitarbeiter der Hotels, mit dem er zu tun hatte, korrekt war, wurde ihm das Leben oft schwer gemacht.

Hendrik war von liebenswürdigem, sanftem Wesen und oft sehr traurig über diese Umstände. In ihm sammelten sich neben der Trauer und einer immer größer werdenden Verzweiflung mit der Zeit aber auch immer mehr Wut und Hass an, ja er begann sogar den Katheniern Verachtung entgegenzubringen – Gefühle, die ihm bis dahin unbekannt gewesen waren. Vor allem die Ungerechtigkeit machte ihm zu schaffen.

Da ihm die Arbeit in dieser Situation zu schwierig wurde und es ihm immer schwererfiel, mit diesen Leuten zusammenzuarbeiten, bat er schließlich, in ein anderes Land versetzt zu werden. Diese Bitte schlug man ihm ab. Daraufhin wechselte Hendrik den Beruf, kehrte in sein Heimatland zurück und fand einen guten Job in einer Großstadt. In dieser multikulturellen Stadt voller Ausländer begegneten ihm oft Leute aus Kathenien. Hendrik merkte bald, dass bei diesen Begegnungen jedes Mal Abneigung, Verachtung und Hass in ihm aufstiegen und zugleich auch die alte Trauer und Verzweiflung und das Gefühl von Ungerechtigkeit.

Bei einem Seminar lernt Hendrik die Körperzentrierte Herzensarbeit kennen. Er schaut sich die Gefühle, die die Männer aus Kathenien in ihm auslösen, nun einmal bewusst an und versucht, sein Herz für sie zu öffnen. Dabei stellt er aber fest, dass einige von ihnen sozusagen an ihm kleben bleiben und er hartnäckig mit ihnen identifiziert bleibt. Es beginnt ihm aufzufallen, dass es sich dabei um Gefühle handelt, die seinem Wesen eigentlich fremd sind.

In einer Sitzung, als er wieder einmal an diesem Thema arbeitet, versucht er, sein Herz für seine Abneigung und seinen Hass gegen die Kathenier zu öffnen. Er denkt an die Situationen, in denen er damals so schlecht behandelt wurde, an die Männer, die ihm offene Missachtung entgegengebracht, ihn boykottiert, gedemütigt und ungerecht behandelt hatten. Während er diese Gefühle betrachtet, wird ihm plötzlich klar, dass Hass und Abneigung, Demütigung und Ungerechtigkeit, dass all diese negativen Gefühle, die er diesen Leuten entgegenbringt, eigentlich gar nicht seine Gefühle sind, sondern die Gefühle dieser Leute! Und dass er, Hendrik, sie von ihnen übernommen hatte! Es handelte sich um Gefühle, die jene kathenischen Männer ihm, und eigentlich gar nicht ihm persönlich, sondern seiner Rasse (ihren ehemaligen Kolonialherren) entgegenbrachten. In dieser Sitzung gibt Hendrik ihnen all diese Gefühle zurück – den Hass, die Abneigung, die Verachtung und den Schmerz, der dahintersteckte, nämlich das Gefühl, gedemütigt und Opfer von Unrecht zu sein; er legt sie ihnen im Geist vor die Füße.

Nach dieser Sitzung verspürt Hendrik endlich Erleichterung. Als er bei seinem nächsten Spaziergang in der Stadt wieder Katheniern begegnet, fühlt er sich befreit. Mehr und mehr wird ihm nun auch in der neuerlichen Begegnung mit Männern aus Kathenien klar, dass er deshalb angefangen hatte, zu hassen und zu missachten, weil dieser Hass und diese Missachtung ihm entgegengebracht worden waren und er sich unbewusst damit identifiziert hatte. In seiner Familie gab es solche Gefühle nicht, sie waren ihm daher immer fremd gewesen. Nun gelingt es Hendrik, in diesen Begegnungen wach zu bleiben und Gefühle dieser Art, wenn sie ihm erneut entgegenkommen, bereits im Vorfeld zu erkennen, ohne sich damit zu identifizieren.

Diese Geschichte eines Teilnehmers hat mir sehr zu denken gegeben. Ich kann mir vorstellen, dass Gefühlsübernahmen wie diese bei vielen Konflikten zwischen Angehörigen zweier Nationen, Religionen oder Rassen eine Rolle spielen. Es wäre für Menschen, die in solche Konflikte verwickelt sind, sicher interessant, nicht nur Herzensarbeit mit ihren Emotionen zu machen, sondern auch zu untersuchen, ob sie Gefühle von Angehörigen der jeweils anderen Gruppe unbewusst übernommen haben und auf diese zurückprojizieren. Es erscheint mir wahrscheinlich, dass Gefühlsübernahmen auch auf kollektiver Ebene eine Rolle spielen. Die Vermutung liegt auch nahe, dass ganze Völker Gefühle ihrer Herrscher übernehmen und Gruppen Gefühle ihrer Anführer. So etwa ein Ehrgefühl (hinter dem sich oft ganz andere Gefühle verbergen), für das man bereit ist, Menschen, die man nicht kennt und die einem nichts getan haben, zu verletzen oder zu töten und sein eigenes Leben zu riskieren. Oft ist der Einzelne sich dann überhaupt nicht mehr bewusst, dass er ein eigenes Wesen ist und selbst ganz anders fühlt.

Manche Völker sind durch Kolonialisierung und Besetzung so lange und nachhaltig als Un- oder Untermenschen gesehen und behandelt worden, dass heute, wenn sie in ihrem Land Touristen aus den Ländern ihrer ehemaligen Kolonialherren empfangen, viele Angehörige ihres Volkes automatisch ein Wut-Hass-Dominanz-Abwehrmuster kreieren, wie die Geschichte von Hendrik zeigt.

Solche Gefühle werden oft überdeckt durch eine zur Schau gestellte Überlegenheit. Diese kann möglicherweise von den damaligen Besetzern übernommen worden sein oder vom heutigen Besucher. Oft sind wir – Deutsche und Angehörige anderer hochtechnisierter Nationen – ebenso stark wie unbewusst-selbstverständlich von der Überzeugung durchdrungen, wir seien die höher entwickelten Menschen, dass wir dieses Überlegenheitsgefühl ausstrahlen, ohne uns dessen bewusst zu sein.

Ich kann mir vorstellen, dass Gefühlsübernahmen auch im Spiel sein können, wenn innerhalb eines Landes eine Volksgruppe die andere dominiert. Nicht jeder, der sich wie ein Überlegener verhält, fühlt sich auch so – möglicherweise führt gerade ein Minderwertigkeitsgefühl zu einem überheblichen Verhalten; und beides kann eventuell von Angehörigen der unterdrückten Volksgruppe unbewusst aufgefangen und übernommen werden. So gibt es ein Hin- und Herspiegeln, und man weiß nicht recht, wie man es beenden kann. Herzensarbeit und Gefühlsrückgabe können hier mit Sicherheit helfen. Es ist gar nicht mal notwendig, Angehörige beider Gruppen dazu zu bekommen, es reicht, wenn eine damit anfängt. Wenn du und ich miteinander verstrickt sind und ich lasse mein Ende des Stricks los, bist du auch frei.

Die alltägliche Magie und wie wir uns von unerwünschten Einflüssen befreien können

Wir beeinflussen einander andauernd, ob wir uns dessen bewusst sind oder nicht. Immer wenn wir mit einem Wunsch in Bezug auf das Verhalten einer anderen Person identifiziert sind und uns das, was wir uns von ihr wünschen, oft ausmalen, immer dann, wenn wir mit Hass, Rache oder starker Abneigung identifiziert sind und unsere negativen Gedanken auf diese Person konzentrieren, immer dann, wenn wir mit egal welcher starken Emotion, positiv oder negativ, identifiziert sind und diese auf einen Menschen projizieren, können sich diese Gefühle und die damit verbundenen Gedanken und Bilder auf diesen Menschen auswirken. Wir leben ja psychisch-geistig in einem gemeinsamen Feld, und unbewusst bekommen wir mit, in welcher Weise andere an uns denken.

Sollten Sie manchmal den Wunsch verspüren, jemanden absichtlich zu beeinflussen, damit er tut, was Sie möchten, oder nicht tut, was Sie auf jeden Fall verhindern wollen – dann rate ich Ihnen, Ihr Motiv zu prüfen und damit Herzensarbeit zu machen. Fragen Sie sich: Warum wünsche ich mir das? Welche Sehnsucht steckt dahinter? Wie fühle ich mich, wenn ich mir vorstelle, dass ich mein Ziel erreicht habe? Und umgekehrt: Wovor habe ich Angst? Wie fühle ich mich, wenn ich mir vorstelle, dass ich es nie erreiche?

Sie werden sehen, dass jegliche Identifikation mit der Idee, irgendetwas zwanghaft erreichen zu müssen, entfällt, wenn Sie auf diese Weise neutral und offen Ihre Gefühle wahrnehmen und Ihr Herz dafür öffnen – einschließlich Hass, Rache, Neid, Begierde oder welchem verpönten Gefühl auch immer.

Es sind oft Liebesgeschichten, die Menschen veranlassen, andere Menschen mit Gewalt beeinflussen zu wollen. Manchmal geschieht es auch aus vermeintlich edlen Motiven, um jemanden schachmatt zu setzen, der der eigenen Überzeugung nach etwas Falsches tut und anderen schadet. Oder um etwas zu erreichen, was man entweder ganz einfach für sich selbst haben möchte oder was man für allgemein erstrebenswert hält.

In Abwandlung von »Die Rache ist mein« (wie Gott in der Bibel sagt) würde ich formulieren: »Die Magie ist mein.« Damit meine ich: Werden Sie sich Ihrer Wünsche und Ängste bewusst und überlassen Sie die Magie Gott. Sie können Ihre Ziele auf viel saubere Weise erreichen, ohne einer anderen Person psychisch Gewalt anzutun. Ausführlich habe ich diesen Weg in meinem Buch »Der entscheidende Schritt. Das wahre Geheimnis der Wunscherfüllung« beschrieben. Hier für alle, die das Buch nicht kennen, noch einmal in Kurzform:

Den Wunsch formulieren

- Formulieren Sie Ihren Wunsch so einfach, direkt und ehrlich Sie können. »Ich möchte, dass er mich heiratet.« »Ich möchte, dass diese Leute ausziehen, damit ich das Haus bekomme.« »Ich möchte die Wahl zum Bürgermeisteramt gewinnen.« Falls die Formulierung »Ich möchte« Ihrem Gefühl nicht angemessen ist, drücken Sie es anders aus, bis es genau trifft. »Ich will …« »Ich will unbedingt …«

Ihr Herz dafür öffnen

- Öffnen Sie Ihr Herz für diesen Wunsch, genau so, wie er ausgedrückt ist, einmal ohne ihn weiter zu untersuchen und zu zensieren. Was braucht er? Da sein zu dürfen? Anerkennung? Beachtung? Achtung? Rehabilitation (von Verurteilung befreit zu werden)? Verständnis? Für möglich gehalten zu werden? Als Gefühl wahrgenommen zu werden (statt damit identifiziert zu sein)?

Das schöne Gefühl der Erfüllung kennenlernen

- Stellen Sie sich dann vor, Sie wären am Ziel. Der Wunsch hat sich erfüllt. Sie müssen sich das gar nicht aktiv ausmalen, sondern einfach die Bilder betrachten, in denen Ihr Wunsch sich ausdrückt. Versetzen Sie sich mitten in das Bild hinein, das Ihre Wunscherfüllung am schönsten und vollständigsten illustriert.

- Spüren Sie Ihren Atem und Ihren Körper.
- Wie fühlt es sich an, in diesem Bild zu sein?
- Wie fühlen Sie sich darin?

Ihr Herz für das gute Gefühl öffnen

❤ Öffnen Sie Ihr Herz für dieses positive Gefühl. Probieren Sie folgende Herzensschlüssel: wahrgenommen werden; entdeckt, gesehen, beachtet werden; Anerkennung, dass es da ist; Erlaubnis, da sein zu dürfen; Raum; viel und oft gefühlt werden; als Gefühl erkannt werden.

In dem Moment, da Sie den richtigen Herzensschlüssel finden, werden Sie erkennen, dass es Ihnen in Wahrheit immer nur um dieses Gefühl gegangen ist und gar nicht um die Erfüllung Ihres konkreten Wunsches. Nehmen Sie sich vor, diesem neu entdeckten positiven Gefühl im Alltag die Zuwendung, Pflege und Aufmerksamkeit zu geben, die es braucht.

Zurück in die Ausgangssituation

❤ Gehen Sie nun zurück in die Ausgangssituation. Sind Sie immer noch mit der Idee identifiziert, diese Person oder Sache beeinflussen zu müssen? Falls ja, haben Sie das eigentliche Gefühl noch nicht erkannt. Beginnen Sie noch einmal ganz von vorne.

Falls nötig, die Angst anschauen

- Vielleicht konzentrieren Sie sich besser zuerst auf die Angst als auf die Sehnsucht. Es ist immer Angst im Spiel, wenn man meint, etwas oder jemanden unbedingt in eine Richtung zwingen zu müssen. Fangen Sie also andersherum an. Öffnen Sie erst Ihr Herz für die Angst.

Das schlimme Gefühl kennenlernen

- Stellen Sie sich vor, Sie verzichten darauf, Einfluss zu nehmen, und die Sache läuft so, wie Sie es auf keinen Fall möchten.

  - Was passiert in Ihrer Vorstellung?
  - Wie fühlt sich das körperlich an?
  - Wie fühlen Sie sich darin?
  - Können Sie Ihr Herz für dieses Gefühl öffnen?
  - Was braucht es?

Wieder in die Ausgangssituation

- Wenden Sie sich dann erneut Ihrem Wunsch oder Ihrer Sehnsucht zu (aus der heraus Sie Einfluss nehmen wollten). Existiert sie noch? Hat sie sich verändert? Taucht jetzt eine andere Sehnsucht auf? Öffnen Sie Ihr Herz dafür.

- Folgen Sie der Sehnsucht im Geist und entdecken Sie das Gefühl, das Sie haben, wenn der Wunsch sich erfüllt. Öffnen Sie Ihr Herz für dieses Gefühl.

- Gehen Sie auf diese Weise immer wieder vor, so lange, bis Sie dem Thema auf den Grund gegangen sind und das gefunden haben, worum es Ihnen eigentlich geht. Das gute Gefühl, das Sie bisher mit einer Tatsache verwechselt hatten (die Sie mit Gewalt herbeiführen wollten) und nun als Gefühl, das bereits in Ihnen vorhanden ist, erkannt haben.

- Nun werden Sie nicht mehr das Bedürfnis haben, der Sache oder der Person Ihren Willen aufzuzwingen. Es wird Ihnen gar nicht so wichtig sein, welche Entwicklung die Dinge nehmen. Sie haben ja das gefunden, worum es Ihnen ging, und zwar in sich selbst. Jetzt müssen Sie es nur noch durch bewusste Zuwendung pflegen. Früher oder später wird dieses neue positive Gefühl Ihre Haltung und Ausstrahlung verändern und Ihnen mit ziemlicher Sicherheit auch in der Außenwelt das bringen, was ihm entspricht.

NUN ZUR ANDEREN SEITE

- Nehmen wir an, Sie haben ein empfängliches Gemüt und haben den Eindruck, dass Sie durch die Gedanken oder Gefühle eines anderen Menschen zu sehr beeinflusst werden. Sie möchten sich davon befreien. Was können Sie tun?

- die Verstrickung beenden, indem Sie sich Ihre eigenen Gefühle bewusst machen und Ihr Herz dafür öffnen;
- erkennen, dass der betreffende Gedanke, das Gefühl oder die Energie nicht Ihnen gehört, sondern jemand anderem, und sie zurückgeben (einfach als visualisierter Ausdruck dieser Erkenntnis);
- sich die Gefühle bewusst machen, die dabei auftauchen, und sie ins Herz holen.

Es ist dasselbe Vorgehen, wie es im Technik-Teil bei der Rückgabe von fremden Gefühlen geschildert wird.

In gewisser Weise sind wir alle Magier, und wir unterliegen alle magischen Einflüssen. Bereits Prentice Mulford sprach von der »Magie des Kurzwarenhändlers« und empfahl daher, sich in einem Kaufhaus nur auf die Einkäufe zu konzentrieren, die man sich vorher vorgenommen hat, um nicht mit lauter Sachen zurückzukommen, die man unter dem vom Warenhaus ausgestrahlten Kaufzwang erstanden hat. Jede Werbung ist ein Versuch, Menschen zu beeinflussen, und grenzt an eine magische Manipulation.

Wie oft richten wir selbst die beschwörende Kraft unserer Gedanken auf Menschen, von denen wir uns dringend etwas wünschen, oder auf Ereignisse, die bitte unbedingt eintreffen sollen, und die destruktive Macht unserer Gedanken auf Personen, die uns wehgetan oder aus welchem Grund auch immer unseren Zorn, unseren Hass, unsere Abneigung hervorgerufen haben. Je nachdem, wie gut oder schlecht wir uns konzentrieren können, haben unsere Gedanken viel oder wenig Kraft. Und der Mensch, der das Objekt solcher Gedanken ist, kann mehr oder weniger empfänglich für diesen Einfluss sein. Je nachdem, ob er von seinem Charakter her eher rezeptiv oder eher aussendend ist, eher brav und gehorsam oder eher kritisch, eher unbewusst oder eher wach, ob jemand grundsätzlich dazu neigt, sich beeinflussen zu lassen, oder ob er Beeinflussung bemerkt und zurückweist, und je nachdem, welche Ängste oder Sehnsüchte in ihm vorwiegen. Mediale Menschen können je nach Charakter besonders leicht zu beeinflussen sein – da sie ja darauf eingestellt sind, Empfänger zu sein –, oder besonders schwer, da sie wach sind und Fremdeinflüsse rechtzeitig als solche erkennen.

Grundsätzlich betrachtet, ist unser Denken schöpferisch; und das, was wir in unserem Denken erschaffen, kann auch einmal eine andere Person mit einbeziehen, die ohne unseren Einfluss vielleicht in eine ganz andere Richtung gehen könnte. Wir können also nicht anders, als einander zu beeinflussen. Es hat wenig Zweck, zu versuchen, seine Gedanken zu zensieren, um niemanden negativ zu beeinflussen, ebenso wie es wenig Zweck hat, seine Gedanken so zu verändern, dass man unbeeinflussbar wird.

Die einfachere Lösung ist: emotionale Bewusstheit üben. Seine Gefühle zu sich zurückholen, wenn man merkt, dass man sie auf andere projiziert hat, und fremde Gefühle oder Gedanken zum Absender zurückschicken.

Noch ein wenig Grundsätzliches zum Thema Beeinflussung und ein kleines Schlusswort

In der Esoterik wird davon ausgegangen, dass niemand beeinflusst werden kann, der nicht auf irgendeiner Ebene sein Einverständnis dazu gegeben hat. Das mag stimmen oder nicht – solange ich mich im gegebenen Fall nicht an derartige Vereinbarungen erinnere, weiß ich das nicht wirklich. Interessanter erscheint mir, sich in solchen Fällen zu fragen: Wozu könnte dieser unfreiwillig erlittene Einfluss mir dienen? Macht er mich auf Gefühle aufmerksam, die mich unbewusst beherrschen? Spiegelt er mir meine Überzeugungen, meine Ängste? Welches sind die Gefühle, deren ich mir bewusst werden muss, um mehr bei mir und durch meine eigene Präsenz wacher und geschützter zu sein?

Oder: Welche Eigenschaft muss ich entwickeln, um damit fertigzuwerden? Wie muss ich sein, um davor geschützt zu sein oder dem entgegenzutreten? Mutiger, ehrlicher, besonnener, aufmerksamer, mitfühlender, wacher, fester oder flexibler? Wie wäre es, wenn ich so wäre? Wie fühlt es sich an? Wie fühle ich mich? Und was braucht dieses Gefühl von meinem Herzen? Hier haben Sie den leichtesten Weg, eine neue Qualität zu entwickeln. Körperzentrierte Herzensarbeit.

Weitere nützliche Fragen: Was wäre, wenn ich mich täusche und die Person mich überhaupt nicht beeinflusst? Wenn das alles meine Gefühle und Gedanken sind und wenn alle Ereignisse, von denen ich dachte, sie seien Folgen dieses Einflusses, in Wirklichkeit in meiner Verantwortung liegen? Wie fühle ich mich mit dieser Idee?

Dies sind Anregungen, auf kreative Weise mit einer solchen Herausforderung umzugehen, Gefühle ans Licht zu holen, sich von alten Identifikationen zu lösen, neue Seiten an sich zu entdecken, neue Fähigkeiten, neue Qualitäten, neue Ideen oder neue Erkenntnisse zu entwickeln oder einfach das Spektrum dessen, das wir bereits sind, wahrzunehmen und zu erweitern.

Wenn ich es so betrachte, gibt es nichts, was nicht zu meinem Weg dazugehört. Mein Leben ist ein Prozess fortlaufender Bewusstwerdung. Mit jeder Entdeckung, jeder Erkenntnis erwache ich ein bisschen mehr oder – so könnte man es auch ausdrücken – erwecke ich ein wenig mehr von mir selbst zum Leben. Manchmal habe ich den Eindruck, dass ich zurückgehe statt vorwärts, dass ich viel mehr Probleme habe als früher und dass nichts so läuft, wie es sollte. Aber wenn ich mit Abstand hinschaue, gewinne ich den Eindruck, dass Entwicklung nie so verläuft, wie wir uns das vorher vorstellen.

Letztlich geht es nicht um die Umstände und auch nicht darum, wie gut wir unsere eigenen Ziele erfüllen oder jene, die wir von unseren Eltern übernommen haben, sondern darum, dass wir auf einer Entdeckungsreise sind. Auf einer Entdeckungsreise können wir sagen: Dieses Land gefällt mir weniger, in jenem anderen habe ich mich wohler gefühlt. Aber wir wären keine richtigen Entdecker, wenn wir behaupten würden, diese oder jene Etappe der Reise sei falsch oder die Reise müsse so oder so verlaufen. Wir sind auf einer Entdeckungsreise unseres eigenen Bewusstseins. Wenn wir es so betrachten, fällt jede Vorstellung davon, wie alles sein sollte, fort, und wir kehren zurück zu unserem eigentlichen Wesen: als Wahrnehmende.

Vielleicht ist das die einzige Wahl, die wir haben: mit etwas identifiziert zu sein und gegen alles zu kämpfen, was diesem Etwas zuwiderläuft, oder aus der Identifikation zu erwachen und zu beginnen, Wahrnehmende zu werden.

Wir können nicht immer so wach und offen sein, wie wir gerne möchten, oder so liebend oder so stark. Aber was wir immer können, ist, bewusste Wahrnehmung und unser Unterscheidungsvermögen einzuschalten. Wie schwierig die Umstände sein mögen, das Leben wird zu einer Offenbarung, sobald wir dies tun.

Die Reise des Erwachens ist die spannendste Reise, die es gibt. Vielleicht die einzige, die sich lohnt. Möge dieses Buch Ihnen auf Ihrer Reise neue Ausblicke gewähren.

13 Tipps fürs tägliche Leben

- Erinnern Sie sich daran, so oft es geht: »Den Atem spüren«. Das bringt Sie in die Gegenwart. Nun sind Sie bei sich und können wahrnehmen.
- Wann immer Sie bemerken, dass ein Thema Ihnen im Kopf herumgeht oder dass Sie emotional reagieren (indem Sie sich ärgern, Angst haben, traurig werden oder sich verschließen), ziehen Sie sich für einige Minuten zurück und üben Sie Körperzentrierte Herzensarbeit. Selbst wenn Sie nur die erste, oberflächliche Emotion ins Herz holen, sind Sie nachher in einer viel besseren Verfassung.
- Wenn Sie mit anderen zusammen sind, achten Sie darauf, wie Sie sich fühlen. Behalten Sie die Möglichkeit im Hinterkopf, dass das, was Sie fühlen, auch einmal das Gefühl des anderen sein kann.
- Schaffen Sie sich Bewusstseinshilfen, beispielsweise ein Wort oder einen kurzen Satz, den Sie sich überallhin mitnehmen wie ein Mantra (zum Beispiel: Bewusst atmen. Oder: Fühlen. Bei mir sein. Den Körper spüren. Gefühle zurückgeben). Oder schreiben Sie sich kleine Erinnerungszettel und bringen Sie sie an Stellen an, die Ihnen oft ins Auge fallen. Oder legen Sie ein bewusstseinsförderndes Buch wie beispielsweise dieses hier an einen Platz, an dem Sie sich öfter aufhalten, sodass Sie immer mal wieder einen Absatz darin lesen. Nutzen Sie akustische Signale (eine Technik, die Thich Nhat Hanh[6]

empfiehlt), um sich an Bewusstheit zu erinnern, indem Sie sich zum Beispiel vornehmen, jedes Mal wenn die Kirchenglocken läuten oder das Telefon klingelt, bewusst zu Ihrem Atem zurückzukehren.

- Wenn Sie sich in Menschenmengen bewegen oder in Gesellschaft von Menschen sind, deren Ausstrahlung Ihnen nicht angenehm ist, schützen Sie sich durch Ihre eigene Präsenz. Spüren Sie Ihren Atem und Ihren Körper und achten Sie auf Ihre Gefühle.
- Sobald Sie merken, dass eine seltsame Stimmung Sie ergriffen hat, spüren Sie Ihren Atem, schalten Sie Bewusstheit ein (indem Sie sich sagen: Dieses Gefühl möchte ich kennenlernen), wenden Sie sich dem betreffenden Gefühl zu und fragen Sie sich, ob Sie es irgendwo aufgeschnappt haben. Falls ja, geben Sie es zurück. Falls nein, öffnen Sie Ihr Herz dafür, indem Sie die Herzensschlüssel durchprobieren.
- Falls Sie einmal den Eindruck gewinnen sollten, dass jemand Ihnen absichtlich oder unabsichtlich negative Gefühle schickt, geben Sie sie zurück. Es ist dieselbe Technik wie bei der Rückgabe von Gefühlen.
- Wenn Sie starke Gefühle – positiv oder negativ – auf jemand anderen projizieren, machen Sie sich dies bewusst und holen Sie diese Gefühle zu sich zurück, indem Sie sie fühlen und Ihr Herz dafür öffnen (beispielsweise Sorge, Bewunderung, Neid, Hass, Wut, Verliebtheit, Angst …).

- Wenn Sie ein Problem, einen Streit, einen Konflikt mit jemandem haben, machen Sie sich die Gefühle bewusst, die Sie von der anderen Person übernommen haben, und geben Sie sie zurück.

- Wenn Sie sich verliebt haben, nehmen Sie Ihre Verliebtheit bewusst als Gefühl wahr, öffnen Sie Ihr Herz dafür und prüfen Sie, ob Sie Gefühle des anderen übernommen haben und ob Sie in der Lage sind, sie zurückzugeben. Falls nein, warum nicht? Kümmern Sie sich um Ihr eigenes Gefühl, indem Sie Ihr Herz dafür öffnen.

- Versuchen Sie niemals, etwas loszulassen, woran Sie festhalten! Öffnen Sie Ihr Herz für das Festhalten, für die Angst und für die Sehnsucht, die dahinterstecken, und für das negative Gefühl, vor dem Sie Angst haben, und das positive, nach dem Sie sich sehnen. Öffnen Sie immer Ihr Herz. Tun Sie sich niemals Gewalt an. Sie werden sehen, dass die Dinge sich auf diese Weise viel leichter und schöner lösen.

- Betrachten Sie das Verhalten, das Ihre Mitmenschen Ihnen gegenüber an den Tag legen, als Spiegel für Ihre eigenen Gefühle. Vielleicht behandeln sie Sie so, wie Sie sich unbewusst fühlen.

- Betrachten Sie die Art, wie Sie sich Menschen gegenüber verhalten, ebenfalls als Spiegel für deren Gefühle. Vielleicht behandeln Sie die Menschen so, wie diese sich insgeheim fühlen. Es muss nicht so sein, aber es kann so sein. Vielleicht öffnet dieser Gedanke Ihr Herz für Sie selbst und für die andere Person.

Erklärung einiger verwendeter Begriffe

»Gefühle« und ***»Emotionen«*** sind in meinem Sprachgebrauch das Gleiche: eine Art, sich zu fühlen.

Als ***»Fremdgefühl«*** bezeichne ich ein Gefühl, das man zwar in seinem Innern verspürt, aber von einer anderen Person übernommen hat.

Unter ***»Herz«*** verstehe ich unseren fühlenden Wesenskern – das Zentrum unseres Wesens und den Ort unseres inneren Erlebens. Es ist allerdings kein Ort, da es keine physische Realität ist. Die physische Entsprechung ist das Organ Herz.

Körperzentrierte Herzensarbeit ist eine von mir zu Beginn der 1990er-Jahre entwickelte Methode, die auf der Grundtechnik der Meditation basiert und aus einer Lenkung der bewussten Aufmerksamkeit auf die Ebenen

- Gedanken (anzuschauendes Lebensthema),
- Körper (Erfassen des dazugehörigen Körperzustandes),
- Emotion (Entdecken der verdrängten Gefühle im Körper) und
- Herz

besteht und die ich in verschiedenen Büchern vorgestellt habe: »Das Tao des Herzens«, »Herz öffnen statt Kopf zerbrechen«, »Aufwachen und lachen«, »Der entscheidende Schritt«.

Körperzentriert heißt die Methode deshalb, weil das bewusste Spüren von Körper und Atem im Zentrum steht.

Zazen = das Zen-Sitzen, die reinste und einfachste Form der Meditation. Kurz in den Worten von Richard Baker-Roshi (anlässlich eines Vortrags) zusammengefasst: Body, breath, phenomena. Die Aufmerksamkeit ist bei Körper, Atem, Sinneseindrücken.

Literatur

Gray, John: *Männer sind anders, Frauen auch.* Goldmann, München, 1998

Khan, Pir Vilayat: *Der Ruf des Derwisch.* Synthesis, Essen, 1996

–: *Erwachen. Eine Sufi-Erfahrung.* Goldmann, München, 2000

Mulford, Prentice: *Unfug des Lebens und des Sterbens.* Fischer Taschenbuch, 1955

Nadiaye, Safi: *Das Tao des Herzens.* Allegria, Berlin, 2004

–: *Herz öffnen statt Kopf zerbrechen.* Allegria im Ullstein Taschenbuch, Berlin, 2005

–: *Befreie Deine Sehnsucht.* Integral, München, 2005

–: *Wieder fühlen lernen.* Integral, München, 2006

–: *Aufwachen und lachen.* Allegria, Berlin, 2007

–: *Der entscheidende Schritt.* Allegria, Berlin, 2011

Fußnoten

1 Eine Methode, die ich in verschiedenen Büchern beschrieben habe und auf die ich an späterer Stelle zurückkomme.

2 In »Das Tao des Herzens«, »Herz öffnen statt Kopf zerbrechen«, »Aufwachen und lachen« und »Der entscheidende Schritt«. Dies sind die hauptsächlichen Bücher, anhand derer Sie die Körperzentrierte Herzensarbeit gründlich kennenlernen können. Unter Anleitung üben können Sie mit der CD »Aufwachen und lachen«. Oder im Seminar.

3 In dieser Phase entstanden Bücher, die intuitives Wissen wiedergeben, wie »Liebe ist mehr als ein Gefühl«, aber auch Wegweiser zur Intuition wie »Die Weisheit der inneren Stimme« sowie ein persönlicher Bericht über diese Lebensphase, »Den Weg des Herzens gehen« (auch als »Das Bewusstseins-Orakel« erschienen).

4 Und dazu eine CD mit Meditationen aufnahm, »Befreie deine Sehnsucht«.

5 Mein Lieblingsbuch dieses erleuchteten Abenteurers: »Unfug des Lebens und des Sterbens«. Der Stil der Übersetzung ist altmodisch, aber kongenial und unübertrefflich in Witz und Schwung.

6 In einem späteren Kapitel komme ich auf den Begriff »Grundschmerz« zurück und erläutere ihn ausführlich.

7 Die Ehefrau des Helden, die nicht glauben kann, dass es ihm gut geht – und es auch nicht glauben will, weil sie selbst sich so gut fühlt, wenn sie ihn bemitleiden und bemuttern kann …

8 Spiritueller Lehrer, 1916-2004, Oberhaupt eines interreligiösen und internationalen Sufi-Ordens, Autor einiger Bücher, siehe Literaturverzeichnis.

9 Einige dieser Forschungsergebnisse finden Sie in »Bleep«, Buch und Film.

10 Ein Ausdruck, mit dem John Gray, Autor von »Männer sind anders. Frauen auch«, die Zeit bezeichnet, die ein Mann damit zubringt, über seine Probleme nachzudenken.

11 Vietnamesischer Zen-Meister, Weisheitslehrer, Autor vieler Bücher.

Safi Nidiaye

Safi Nidiaye, geb. 1951, ist eine der meistgelesenen deutschsprachigen Autorinnen im Bereich psychospiritueller Lebenshilfe. Aus der Praxis der Meditation heraus entwickelte sie zu Beginn der 1990er-Jahre die »Körperzentrierte Herzensarbeit«, eine in Laien- und Therapeutenkreisen inzwischen etablierte Methode der Selbstwahrnehmung, mit deren Hilfe die Lösung von Lebensproblemen, die Befreiung von körperlichen Symptomen und das Erwachen aus falschen Identifikationen erreicht werden kann.

Safi Nidiaye lebt mit ihrem Mann, dem Maler Francis Gabriel, in Spanien. Sie vermittelt die Körperzentrierte Herzensarbeit in 5-Tage-Intensiv- & Ferienseminaren. Außerdem bildet sie interessierte Laien und Therapeuten zur Weitergabe der Methode aus.

Alles über Seminare, Ausbildung, Bücher:
www.safi-nidiaye.de